T0000608

GESTIONA TU VIDA CON EL MÉTODO DE

SANACIÓN SIC

Maite Gauxachs Calvo

GESTIONA TU VIDA CON EL MÉTODO DE SANACIÓN SIC

Conoce, identifica y libérate de tus emociones para sentirte pleno

www.edaf.net

MADRID – MÉXICO – BUENOS AIRES – SANTIAGO

2023

Diseño de la cubierta: Ariana Zewsk.
Imágenes de interior: Maite Gauxachs Calvo.
Maquetación y diseño de interior: Diseño y Control Gráfico, S.L.

Editorial Edaf, S.L.U.
Jorge Juan, 68,
28009 Madrid, España
Teléf.: (34) 91 435 82 60
www.edaf.net
edaf@edaf.net

Ediciones Algaba, S.A. de C.V.
Calle 21, Poniente 3323 - Entre la 33 sur y la 35 sur
Colonia Belisario Domínguez
Puebla 72180, México
Telf.: 52 22 22 11 13 87
jaime.breton@edaf.com.mx

Edaf del Plata, S.A.
Chile, 2222
1227 Buenos Aires (Argentina)
edafadmi@gmail.com

Editorial Edaf Chile, S.A.
Avda. Charles Aranguiz Sandoval, 0367
Ex. Circunvalación, Puente Alto
Santiago - Chile
Telf: +56 2 2707 8100 / +56 9 9999 9855
comercialedafchile@edafchile.cl

Febrero de 2023

ISBN: 978-84-414-4206-1
Depósito legal: M-594-2023

Importante advertencia y descargo de responsabilidad: la información contenida en este libro tiene únicamente carácter educativo. No pretende de ningún modo sustituir el consejo médico profesional. El lector debería consultar siempre con su profesional de la salud a la hora de decidir la idoneidad de la información para su situación personal, o en el caso de que tenga cualquier duda referente a un problema médico o a un tratamiento.

PRINTED IN SPAIN IMPRESO EN ESPAÑA

COFÁS

A todos los que creen en mí,
porque me permiten acompañarlos en su caminar.

A Pia y Biel,
mi fuente de amor infinito,
porque me han permitido crecer como madre y como persona.
Os amo.

Índice de contenidos

Presentación

¿Por qué creo que es importante saber gestionar bien nuestra vida? Porque no podemos pasar de puntillas en ella, es nuestra realidad, nuestras vivencias y nuestras experiencias. Físicamente nacemos solos y con nada, y traspasamos al ciclo siguiente del mismo modo. Lo único que nos llevamos es lo que vamos siendo y sintiendo en nuestra experiencia vital, y por ello tenemos que dirigir nuestra realidad tal y como nosotros queremos vivirla.

Cuando sientas que tu vida está incompleta o te sientas insatisfecho, tienes que analizar y observar qué te ha llevado hasta este punto o qué factores de tu vida no te están contentando. Muchas veces hay circunstancias invisibles que, por patrones o creencias marcadas en nuestra niñez, condicionan toda nuestra vida de adultos. Todos estos mensajes calan en nuestra mente y se entierran en lo más profundo de nuestro subconsciente para mover los hilos de una marioneta interna que nos lleva hacia lugares no deseados para nuestra vida.

No desperdicies la alegría de poder vivir tu vida, porque solo te pertenece a ti. Por ello, en el momento en que te des cuenta de que no eres tú mismo o que algo te está llevando hacia caminos no deseados por ti, para y observa qué está fallando. Siempre me ha gustado la frase: «Quien para re-para». Y esa es la cuestión. Tenemos que parar para reconducir nuestra vida hacia donde realmente la queramos llevar.

Vaciar tu mochila, darte cuenta de los miedos, saber si estás en piloto automático o si llevas la vida que los demás han querido para ti son motivos suficientes para hacer este alto en el camino y conseguir llegar a ese punto más esencial en tu vida: **ser tú mismo**.

Después de más de diez años inmersa en el crecimiento personal, infinidades de terapias, formación, investigaciones, libros, talleres y demás, pude descubrir todo lo que estaba oculto en mí, de lo que no era consciente y que dominaba mi vida llevándola hacia una dirección que no quería. Paré y cambié. De hecho, el cambio nunca cesa, la información y aprendizajes se esconden en cualquier *modus operandi* de la vida. Soy una persona normal y corriente, por ello quiero decirte que: si yo pude, o estoy pudiendo, tú también puedes.

No se trata de cambiar por cambiar, sino de poderte ayudar a entender qué, por qué y para qué hay que cambiar. Por ello te invito y animo enérgicamente a que puedas gestionar tu vida tal y como tú sientas que quieres y te mereces, que puedas utilizar cualquier obstáculo que encuentres en el camino, grande o pequeño, para que sea un trampolín, para impulsarte más alto, para poder ir más allá y llegar a ese empoderamiento que todos llevamos en nuestro interior.

Porque conociéndote realmente y dirigiendo tu vida, puedas decidir cada paso que quieres dar de una forma consciente, decidida y real. Te voy a contar algo que a lo mejor nunca te has planteado: nadie ni nada sabe quién eres en realidad; puede que supongas que sí, y por ello esperas que te entiendan a la primera de cambio, pero no es real. Solo tú estás en tu mundo interno, así que conoce, gestiona y lucha por lo que sinceramente quieres, porque en lo más profundo de mi corazón te puedo decir que vale realmente la alegría, para poderte transformar por completo y gozar plenamente de tu vida, porque es el mejor regalo que te puedes llevar. Para que cuando llegue el día de tu último suspiro puedas decir: «Olé yo, olé mi vida, me lo he pasado de [¡piii!] y ya estoy preparado y en paz para el siguiente nivel».

Por todo ello, deseo de todo corazón que el libro que tienes entre tus manos te aporte los mensajes necesarios para acercarte a ti mismo: a tu verdadero **yo**.

Gracias por ser y estar, aquí, conmigo, contigo.

Gracias

Maite

Introducción

No es ninguna novedad, hoy en día, hablar de la sanación o autosanación, ya que cada vez están más extendidas las palabras y se conoce más sobre el tema. Aunque hay muchas personas que leen, investigan y lo intentan aplicar y desarrollar, pero no consiguen el resultado deseado o lo que se les ha prometido entre líneas bajo este concepto.

A veces creemos que no servimos para algo, que no es para nosotros o que necesitamos de ayuda externa, una mano que con una varita mágica nos sane sin más, y tengo que decir que te recomiendo que no te lo creas: sirves para cualquier cosa, la sanación es para todo ser viviente y las varitas mágicas sin más no existen, ya que en el campo de la sanación el trabajo (aunque pueda estar guiado) es por y para uno mismo. ¿Verdad que cuando uno siente la necesidad de ir al baño puede preguntar el dónde, el cómo o incluso con quién, pero es una tarea individual e intransferible? Con la sanación pasa exactamente lo mismo. Nadie puede recordar por ti, nadie puede experimentar por ti, nadie puede transitar aquello que te ha creado dolor por ti, nadie puede gestionarlo por ti, nadie puede transformarlo por ti, nadie puede aceptarlo por ti y, lo más importante, nadie puede perdonarlo por ti.

Sí es cierto, y te lo voy a confesar, que hay una parte en el proceso de sanación muy complicada: dar el paso para empezar. ¿Por qué? Porque tenemos que llegar a la raíz del origen de todo aquello que nos ha causado un dolor interno, y existen en nosotros miles de mecanismos que se activan al pensar que tenemos que transitar por ciertas circunstancias o recuerdos para evitar poder sentir otra vez dicho dolor. La idea es: ¿o estamos «dormidos», o pasamos por el proceso, aunque nos haga un poco de pupita, para después estar mejor? Dichos mecanismos de defensa que he mencionado y que durante todo el libro te iré presentando lo tienen claro: antes que recordar o pasar por algo que nos haga sufrir, dormidos se está mejor. Es aquello de «Ojos que no ven, corazón que no siente», aunque tengo que confesarte que, aunque no lo sientas, influye directa o indirectamente en tu vida.

Cuando hablo de quedarse dormido me refiero al hecho de no tener inquietudes, no querer ver más allá de lo que la realidad te muestra, de no querer o poder entender que las cosas no son muchas veces como se presentan o nos hacen ver. Si eres de ellos, no pasa nada, seguramente este libro no es para ti; aunque pienso que si tienes el libro entre tus manos, lo has adquirido o te lo han regalado, no es casualidad, alguno de los mensajes que se hallan en el interior necesitan llegar a tu conciencia, bien la que ya está despierta o la que necesita ser despertada.

Por otro lado, me gustaría hacerte un símil para que entiendas por qué necesitamos ir a las profundidades para poder sanar. Seguro que sabes cómo funcionan las malas hierbas del campo: crecen y se reproducen si no hacemos nada con ellas, y si las cortamos a ras del suelo, continúan creciendo; no es este el mejor sistema para acabar con ellas. Para hacer desaparecer aquellas hierbas en concreto de forma definitiva (porque pueden crecer otras, pero aquellas ya no serán) tenemos que extraerlas desde la raíz, con eso se acaba el problema. Y con la sanación pasa exactamente lo mismo: hay que extraer el problema de la raíz, por ello tenemos que ir al origen o a las profundidades para acabar con aquello que condiciona totalmente nuestra vida.

Toda sanación, pensable o impensable, consciente o inconsciente, es posible, aunque quizás no has tenido la información, las herramientas, la persona que nos guíe o la actitud adecuada para poderla realizar. Te recuerdo una vez más: depende de ti.

Por todo ello creé el sistema de Sanación SIC, porque si de alguna forma puedo ayudarte en tu propio proceso, sea de la forma que sea, pongo a tu disposición, de forma resumida y en formato de libro, todo aquello que, después de años aprendiendo y aplicando en mí misma y mis alumnos, me ha llevado a obtener resultados para mejorar la vida de quienes lo han utilizado.

La Sanación SIC es un método paso a paso para poder ir descubriendo dónde fallamos en nuestro proceso, cómo lo aplicamos, cuál es la correcta consecución del mismo y qué resultados podemos tener. Si lo aplicamos y nos permitimos transformar tal y como se indica, la sanación será más consistente y podrás permitirte liberar todas las limitaciones, cargas, bloqueos y/o condicionamientos que están influyendo en tu vida.

La finalidad de este libro es que puedas encontrar una pauta fácil y entendible que cale en tu conciencia, con ejemplos, imágenes visuales, historias con mensaje y herramientas adecuadas para que entre en ti la información de una forma fluida y lógica, para que, en algún momento de la lectura o de tu vida, pueda hacer un clic interior que te haga abrir los ojos para poderlo aplicar en la gestión de tu vida. Si te sorprendes, en mayor o menor medida, aplicando o haciendo cambios en tu día a día tanto a nivel físico como mental y emocional, habremos conseguido el objetivo.

Como verás más adelante, cualquier sistema o método que se compone de diferentes pasos o capas, como es el caso, no es suficiente solo leerlo y entenderlo, sino que hay que llevarlo más allá para poderlo aplicar, ver y reconocer cómo se entrelazan las partes, para que, en cascada y de una forma inconsciente, mueva los hilos interiores correspondientes para aplicarlo fácilmente en tu vida.

Verás que el libro está escrito en femenino porque yo soy una mujer; podría haberlo hecho en masculino para generalizar, o en neutro, pero es un berenjenal en el que no quiero entrar, y además, me seduce la idea de que veas que te estoy hablando a ti, de tú a tú, como si estuviéramos cara a cara y explicándotelo de viva voz, de Maite a quien esté detrás de estas palabras. En tu caso, no he sabido si debo dirigirme en femenino o masculino, y por ello he optado por el formato más genérico.

Expuesto todo esto, y antes de continuar, te voy a pedir que abras tu mente, que dejes atrás creencias, prejuicios, imposiciones de la sociedad o patrones que te etiqueten o inquieten. Puede que ciertos conceptos que encuentres a continuación te hagan tambalear los cimientos que en toda tu vida has ido construyendo; por ello, te invito a que no los juzgues, solo que entiendas que, palabra tras palabra, o concepto tras concepto, tienen un sentido y una secuencia en la temática que estamos viendo.

Los mayores obstáculos, saboteadores o miedos para no abrirnos a cosas nuevas, como verás en algún momento del libro, están en tu mente.

Por ello, ábrela y permite que poco a poco vaya llegando la información que haga que se calme, para ir entendiendo su proceso.

Además, vas a ver que no utilizo conceptos rebuscados o complicados, ni tampoco las palabras utilizadas; incluso, que no te descubra nada nuevo y lo veas tan lógico que no te permitas ir más allá. Cuidado, no dejes que la sencillez o simplicidad provoque el resultado contrario al objetivo del libro. Por muy simple o de una lógica aplastante que te parezca, tiene un sentido que, puesto en contexto y en la secuencia expuesta en el sistema, nos aporta un mayor efecto en el resultado. Porque mi lema es hacer fácil lo difícil, o mejor dicho, hacer fácil lo fácil.

DOS MONJES Y UNA MUJER

(fábula budista)

Todo lo que nos sucede en nuestra vida podemos vivirlo desde muchos planos interpretativos; por ello, es importante darse cuenta de lo que vivimos y cómo lo vivimos, puesto que el resultado nos puede acompañar en nuestra vida. Antes de continuar en este concepto, me gustaría compartir contigo el cuento budista anónimo de dos monjes y una mujer.

Éranse una vez dos monjes que iban caminando por el bosque de regreso a su monasterio, mientras oraban y reflexionaban.

En su camino, debían cruzar un río sin puente y con un caudal fuerte y caudaloso.

En la orilla encontraron llorando a una mujer muy joven y hermosa que también quería cruzar, pero tenía miedo ya que cuando lo intentaba la fuerza del agua la tiraba al suelo y no era capaz de llegar a la otra orilla.

—¿Qué sucede? —le preguntó el monje más anciano.

—Señor, tengo que regresar a mi casa ya que tengo a mis hijos pequeños solos allí, al otro lado del río, pero la corriente es demasiado fuerte para mí y no puedo cruzar. ¿Podéis ayudarme a cruzar? —preguntó la mujer.

—Ojalá pudiéramos ayudarte —se lamentó el monje más joven—. Pero el único modo posible sería cargarte sobre nuestros hombros a través del río y nuestros votos de castidad nos prohíben todo contacto con el sexo opuesto. Lo lamento, créame, no podemos —concluyó el joven.

—Yo también lo siento —dijo la mujer llorando desconsolada.

En ese momento, el monje más viejo se puso de rodillas, y dijo a la mujer:

—Sube, yo te llevaré.

La mujer no podía creerlo, pero inmediatamente cogió su hatillo de ropa y montó sobre los hombros del monje.

Monje y mujer cruzaron el río con bastante dificultad, despacio y con mucho cuidado, seguidos por el monje joven. Al llegar a la otra orilla, la mujer descendió, muy respetuosa y humildemente agradeció a los monjes su ayuda y continuó su camino muy complacida.

El monje joven no podía creer lo que había sucedido, pero no dijo nada y siguió caminando al lado de su compañero.

En todo el camino de regreso el monje joven no paraba de pensar en lo sucedido y cada vez se sentía más furioso. No dijo nada, pero hervía por dentro: un monje no debía tocar a una mujer, y su compañero más anciano no sólo la había tocado, sino que la había llevado sobre los hombros.

Al llegar al monasterio, mientras entraban, el monje joven se giró hacia el otro y le dijo:

—Tendré que decírselo al maestro. Tendré que informar acerca de lo sucedido. Lo que has hecho está prohibido.

—¿De qué estás hablando? ¿Qué falta he cometido?, ¿qué está prohibido? —preguntó el anciano sin entender las palabras de su compañero.

—¿Ya te has olvidado? ¡Llevaste a esa hermosa mujer sobre tus hombros! —dijo el joven aún más enojado.

El viejo monje se rio y luego le respondió:

—Es cierto, yo la llevé. Pero la dejé en la orilla del río, muchas leguas atrás. Sin embargo, parece que tú todavía estás cargando con ella…

Como vemos en esta historia, muchas veces nuestros pensamientos nos llevan a sentir emociones que etiquetamos como negativas y que pueden afectar a nuestra forma de ver e interpretar lo que acontece en nuestra vida; de alguna forma no somos conscientes de que no somos capaces de dejarlo atrás, sino que cargamos con ello creyendo que es una forma muy activa de vivir o sentir las situaciones.

Cualquier cosa que pasa en nuestro día a día puede ser la base de la siguiente circunstancia, y según cómo la vivamos, o decidamos soltarla, nos permitirá quitar algún filtro que se interponga en lo que nos pase a continuación.

Por ello, es importante entender que no tenemos que cargar con las sensaciones, emociones o pensamientos negativos, ya que de una forma u otra influirán en lo que ocurra en nuestra vida.

EL MÉTODO DE SANACIÓN SIC

1. Principios básicos para el Método de Sanación SIC

En primer lugar, y antes de pasar a explicar el Método SIC en sí, me gustaría desarrollar una parte que, desde mi punto de vista, es crucial antes de emprender cualquier camino de mejora, sanación, evolución o crecimiento personal.

Es necesario saber qué, cómo, por qué y para qué hacemos las cosas. No debemos quedarnos solo con entenderlo, ya que pasaría a formar parte del montón de libros, artículos, vídeos o películas de crecimiento o desarrollo personal que, después de leídos y entendidos, se han quedado en una estantería sin llevar a la acción lo que allí se explicaba. No basta con saber los conceptos y leerlos, saciando nuestra mente o parte más racional, sino que tenemos que complementarlo con una serie de herramientas y procesos que van más allá de nuestro entendimiento y comprensión más conscientes y aparentes.

Uno de los pasos, claro está, es tener los conceptos y saberlos, como también necesitamos tener ese sustento necesario para integrar dichos conceptos, para que se transformen hacia una fuerza interna que nos llevará a la toma de decisiones y, consecuentemente, a la acción en sí de lo que uno se proponga.

Parece evidente que no podemos llevar a cabo una acción si no sabemos qué vamos a emprender, aunque no lo es tanto que muchas veces nos quedamos solo en el concepto y no ponemos ni tiempo, ni energía ni motivación para ir más allá de una clara noción de lo que estamos haciendo o queremos hacer, pretendiendo igualmente llegar al resultado deseado sin el correspondiente acto o hecho para materializarlo.

En el caso de la sanación, por la temática y la fuerza interna que implica, todavía es más importante entender que no nos podemos quedar a las puertas de un proceso que, por no tener claro este punto, nos conduzca a paralizarnos a medio camino. Me explico: ¿cuántas veces has hecho trabajos de crecimiento interno buscando un resultado y no lo has conseguido? ¿Cuántas veces has visto que otros lo consiguen y tú no? ¿O que has llegado al resultado puntualmente y después vuelves al patrón inicial?

Si no eres de estos, ¡felicidades! A mí particularmente me pasaba así, y no entendía por qué hasta que di con la clave.

La sanación, el crecimiento interno o desarrollo personal, sea como quiera que lo llamemos, requiere de unas partes específicas para poder integrarlo más allá de nuestra conciencia, tenemos que llevarlo a un nivel donde indiscutiblemente en todos nuestros procedimientos internos, y con ellos me refiero al físico, mental, emocional, energético y espiritual, nos permitamos concluir la finalidad que nos proponemos: **sanar**.

Y llegados a este punto, ¿en qué consiste la sanación? ¿Es poner una tirita o agua oxigenada en alguna parte de nuestro cuerpo herida, dañada o maltrecha? ¿Es tomar un medicamento o basarnos en la medicina convencional? Rotundamente no (pero me gustaría que se entienda que no quiero desmerecer la ciencia médica, puesto que su papel para el cuerpo físico es importante). Tampoco sirve de nada evitarlo, ocultarlo, rechazarlo o cualquier sistema de evasión, ya que, si está, por mucho que no lo queramos reconocer, a corto o a largo plazo, saldrá somatizado en algunas de sus manifestaciones físicas o mentales.

Voy a poner un ejemplo para que puedas comprender lo que quiero explicar: ¿qué pasa si tenemos en el campo malas hierbas? ¿Cómo las quitarías? Si las cortamos a ras del suelo, con el tiempo vuelven a salir, ¿verdad? Si nos vamos a las profundidades y las sacamos de raíz, podemos tener claro que saldrán otras malas hierbas, pero que las que hemos quitado ya no vuelven a crecer, ¿cierto? Lo mismo pasa con nuestras cargas o heridas internas.

La sanación, tal y como la entendemos en el crecimiento personal, es curar nuestro dolor más interno, no solo lamer las heridas, evitarlas u ocultarlas, sino cuidar, atender y gestionar todo aquello que en nuestra vida nos ha causado sufrimiento para que, a base de comprensión, aceptación y perdón, podamos transformar todo aquello que nos carga y limita emocionalmente, para liberarlo y llevar nuestro ser a un estado de bienestar pleno y sincero.

Desgraciadamente nadie nos enseña la diferencia entre el dolor y el sufrimiento, o cómo gestionarlos para que su carga emocional nos dañe lo menos posible y no se convierta en parte de nuestra personalidad o integridad más absoluta. Según decía Buda: «El dolor es inevitable, el sufrimiento es opcional»; por ello, tenemos que reconocer y transitar por el dolor interno para que el sufrimiento sea lo menos influyente en nuestra vida o, incluso, podamos decidir en qué forma o intensidad queremos que se implique en ella.

En los años que llevo en el mundo del crecimiento personal o de la sanación, había oído conceptos como aceptación, perdón, liberación, comprensión, entre otros, y yo me decía: «Si perdonar, perdono; aceptar, acepto», pero en cuanto volvía a suceder algo, mis reacciones me indicaban que todavía me dolía. Por ello, pensaba: «¿Si acepto y perdono y hago lo que me dicen, porque todavía no lo tengo sanado?». Ahí me di cuenta que no tenía bien entendidos los conceptos, y también que a más personas les pasaba lo mismo, por lo que analicé en mí dónde estaba el fallo o error que no me llevaba al resultado deseado.

En esta búsqueda, me percaté de que mi propia mente me estaba boicoteando para que no hiciera el trabajo de sanación de forma correcta y satisfactoria. Necesité desglosar una serie de conceptos para que mi mente no filtrara a su antojo la forma de ver o hacer la sanación. La conclusión de todo ello son las cinco etapas de la sanación que te presento en este libro.

Es probable que tu mente, en cuanto lo lea y lo observe, te mande un mensaje directo a tu consciencia diciéndote: «Ah, es eso; yo ya lo sabía». ¡Cuidado! Plantéate si realmente lo sabes y lo tienes integrado o es una artimaña del ego para pasar de puntillas por conceptos que, a la vez que simples de conocer (aparentemente), son complicados de ejecutar. Cuando hablo de dificultad, no es por ser enrevesados, sino porque se necesita una buena dosis de sinceridad y humildad para contarse la verdad a uno mismo.

Es posible que todo lo que explique a continuación te sorprenda por su sencillez y lógica; por ello, quiero que te preguntes: si ya lo sabías, o si no lo estás aplicando de forma correcta o no tienes el resultado que deseas, ¿a qué es debido? Puede que la respuesta rompa algún esquema o paradigma mental; solo te pido que no te cierres a tu franqueza.

¡Vamos allá!

LAS CINCO ETAPAS PARA LA SANACIÓN

ETAPA 1: CONOCIMIENTO

Esta parte es la relativa a la información: los datos, conceptos, ideas, criterios, notas, estadísticas... cualquier tipo de referencia que llene nuestra parte más intelectual. Cuando necesitamos integrar algo en nosotros, la parte más racional es un punto clave para que podamos continuar con el proceso. El no tener satisfecha la parte mental, que nos anima y nos ayuda a avanzar, puede convertirse en un perfecto saboteador, ya que evitamos profundizar en algo que no entendemos.

Este tipo de información la podemos obtener leyendo, escuchando, hablando, viendo... de nuestros padres, de profesionales, de personas más experimentadas o con una formación adecuada a la causa. Sea de donde sea, lo importante es que la recibamos con veracidad y contundencia para no dar pie a la duda, sino que con confianza y coherencia podamos satisfacer nuestra parte más mental para rellenar esta primera etapa de la sanación.

Por ejemplo, si yo quiero hacer una suma, primero habré tenido que aprender los números y alguien me habrá tenido que explicar que si añado un número a otro tengo el conjunto basado en la adición de los dos números. No podría hacer una suma sin tener conceptos básicos de matemáticas, ¿a que no?

Con la sanación pasa exactamente lo mismo: si yo quiero sanar una herida emocional y no sé qué herida o emoción es, o cómo nace o qué me está indicando, nuestra parte mental más lógica intentará no hacer caso de una información que no entiende.

Esta primera parte, la del conocimiento, si la figuráramos numéricamente solo representaría un 15 % de la sanación total. Con ello nos damos cuenta de que cuando leemos un libro, por ejemplo, solo estamos saciando un 15 % de todo el proceso; necesitamos completar el 85 % restante para poder ir más allá del porcentaje que nos permite la parte más informativa.

Además, esta parte corresponde más a nuestra mente adulta, la que entiende, interpreta o analiza los datos obtenidos. Con la experiencia, formación y otros conocimientos adquiridos podremos llevar esta información a niveles más avanzados o lógicos, a través de la deducción de los hechos con base en este conocimiento.

Si observas un poco lo que te expongo en esta parte, estarás de acuerdo conmigo en que es una parte más pasiva en lo que concierne al nivel de sanación. O lo que es lo mismo: con la información no estamos tomando una acción para transformar o desarrollar nuestro dolor interno para liberarlo. Por eso la clasifico en la parte más pasiva del proceso. Por ejemplo, en este libro estoy compartiendo mucha información contigo, un 15 %, aunque ello no implica que la apliques de una forma activa en tu vida. La información es solo información para abastecer tu parte más mental y racional.

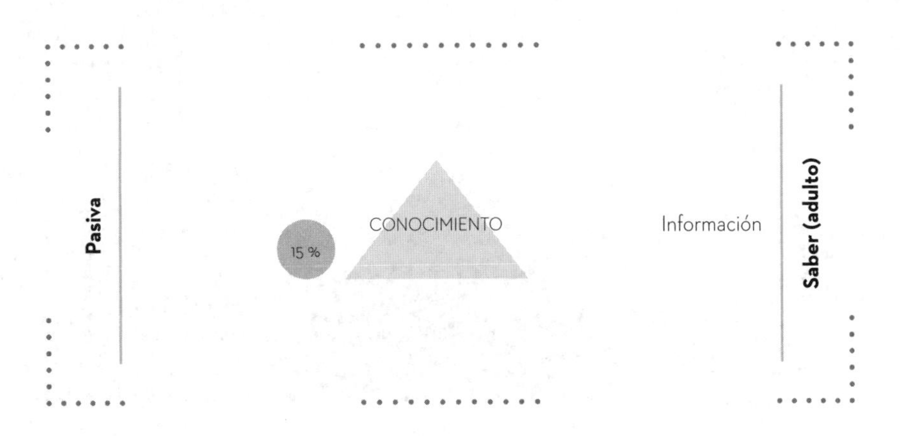

ETAPA 2: IDENTIFICACIÓN

Al avanzar un poco más allá de la información obtenida, es el momento de identificar en nosotros mismos el conocimiento adquirido. Para ello necesitamos sumar la información poniéndola en observación, o lo que vendría a ser lo mismo, dilucidando cómo nos sentimos identificados o cómo resuena en nosotros lo que hemos aprendido. Correspondería a la parte «de lo que sé, qué hay en mí».

Añadiendo este criterio, pasamos del 15 % al 30 % en el proceso de sanación, aunque continuamos estando en una parte pasiva del proceso y completando una parte del saber desde nuestra mente adulta.

Si aprendemos una emoción, cómo surge, qué significado tiene o cómo se manifiesta, vamos a observar cómo me siento cuando tengo esa emoción, cómo respondo, qué reacciones o actitudes tengo o si la he tenido durante el día, por ejemplo.

En definitiva, lo que leo en un libro o lo que escucho en un vídeo o audio, ahora voy a ver desde mi conocimiento de persona adulta cómo me identifico con ello, o qué ocurre en mí para integrar ese conocimiento o información más allá del campo más intelectual.

Su visión más gráfica sería la siguiente:

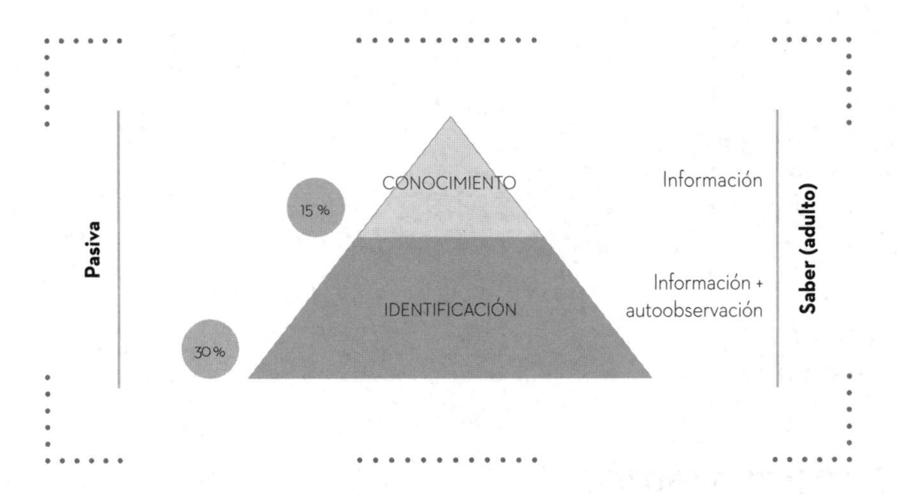

ETAPA 3: ACEPTACIÓN

Aunque en esta fase conseguimos llegar al 50 % del proceso, no nos podemos dejar engañar por el número, ya que es la etapa más importante de todas y, quizás también, la más complicada del proceso. Por ello, tenemos que ver esta etapa desde dos vías distintas:

- La primera, la más fácil, la aceptación desde la mente adulta, o lo que es lo mismo, lo que pensamos que hemos aceptado.

  Cuando pensamos que esta parte la tenemos superada, la propia mente nos proporciona el mensaje de que ya la hemos aceptado, integrado y saciado en nuestro interior, y aquí radica el principal error: nos convencemos de una aceptación total cuando solo implica nuestra parte más mental.
- La segunda, la más complicada, la aceptación de corazón. Esta parte implica la rendición total, la de nuestro niño herido. Representa la acogida desde lo más interno: no nos sirve de nada hacer un proceso de sanación desde la mente, desde el ser adulto.

Lo importante en esta parte es preguntarnos: ¿lo he aceptado solo de pensamiento? ¿O además siento en lo más profundo de mi interior, desde el corazón, que lo he aceptado de verdad? Cuando nos respondamos afirmativamente a la primera pregunta, tendremos que hacer lo que haga falta para poder «bajar» dicha aceptación desde la mente al corazón. Cuando respondamos afirmativamente a la segunda, podremos pasar a la siguiente etapa.

Por ejemplo, podemos pensar que hemos aceptado la herida de papá o mamá, y al cabo del tiempo volver a sentir rechazo o resentimiento por alguna cosa. Cuando vemos que volvemos al patrón anterior, o que simplemente nos continúa doliendo, es cuando nos damos cuenta de que nuestro ego, o su sabotaje mental, nos había convencido de que lo habíamos aceptado de corazón, cuando en realidad no había pasado de nuestra parte más mental.

Este es el motivo por el que muchas personas creen que han culminado un proceso de sanación, pero pasado un tiempo, al volver a sentir su herida emocional, dictaminan que no les ha servido para nada.

Y en este punto es donde radica la gran diferencia en la sanación: muchas personas se quedan ancladas en ese 50 %, pensando que tienen sus heridas curadas; creen que solo con el entendimiento y el reconocimiento lo bajamos a la zona del corazón, cuando en realidad no lo han integrado desde su niño herido, y esa es la gran clave para poder progresar.

Este punto intermedio del proceso es crucial para poder pasar de la aceptación de nuestra mente adulta a una aceptación verdadera y sincera, preparándonos para la siguiente etapa de la sanación: borrar esa falsa sensación de sanación y llevarla más allá de nuestro campo más mental, para poder pasar al concepto del «sentir», no solo entender y comprender, sino experimentar y percibir. Poder ver que, más allá de lo que pensamos, tenemos un largo recorrido por hacer para transitar de una forma distinta en todo el proceso, para entender que necesitamos desarrollar de diferente manera lo que hemos captado para no sentirnos incompletos.

A veces oigo a las personas decir: *«A mí tanta sanación* o crecimiento personal no me ha servido, vale si he visto cosas que me han dolido, pero no me ha arreglado nada, estoy igual como estaba». Es normal que tengan esta sensación, ya que se han quedado en la parte del reconocimiento y no han pasado al nivel más alto de la sanación, se han quedado a mitad del camino, se han quedado al 50 % del recorrido. Por ello tenemos que continuar y traspasar este punto para trabajarlo de una forma más activa desde nuestro niño interior.

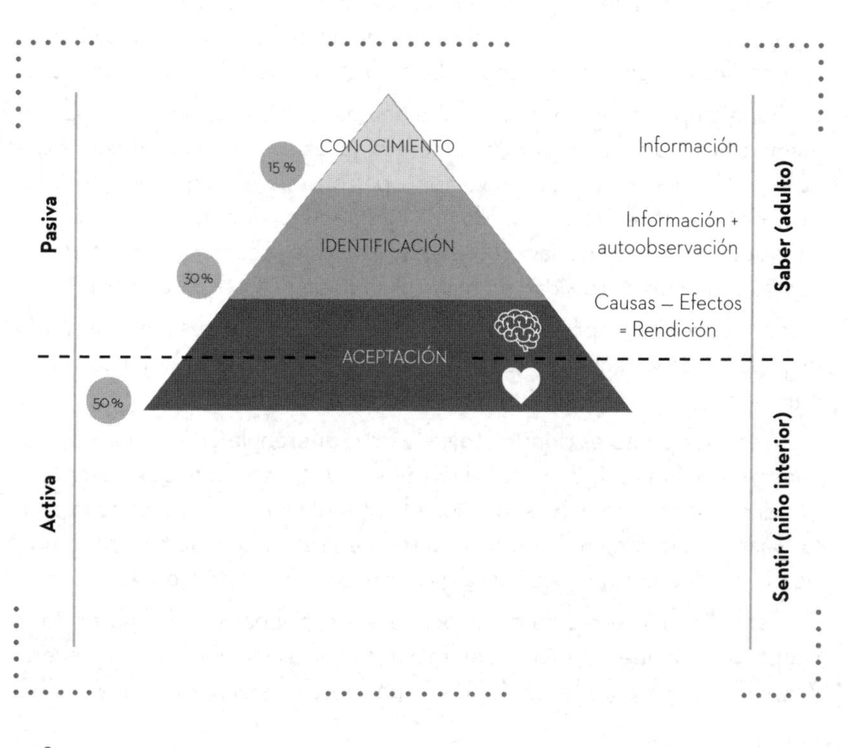

ETAPA 4: SANACIÓN

A esta etapa le he asignado el propio nombre de sanación porque es el primer paso después de la aceptación que nos lleva a esa curación más verdadera. Es este el punto del recorrido en que ponemos paz a nuestro conflicto interno mediante el **perdón**.

Cuando podemos perdonar de corazón, no mentalmente (y ahí radica la importancia), es cuando nos damos cuenta de que en realidad no hay nada que perdonar, que todo forma parte del proceso evolutivo, que por mucho que no nos guste lo que nos ha sucedido o cómo nos hemos sentido tratados, ello formaba parte de un plan universal para que aprendiéramos el mensaje que nos está lanzando. Si todo lo que nos ocurre es placentero, no nos damos cuenta de lo que hemos de mejorar, y por eso tenemos que transitar de una forma poco agradable para que podamos mejorar en nuestra vida y evolucionar en ella.

¿Qué pasa cuando tienes un día superbueno, veintitrés horas felices, y sucede algo y una hora la pasas mal? Mayoritariamente, cuando nos pasa algo que nos desagrada o nos disgusta ello toma consistencia para determinar si tenemos un buen o mal día, y solo una hora es suficiente para que podamos etiquetar toda la jornada como mala, y ni tan siquiera nos acordamos de las veintitrés horas que hemos pasado bien, sino que incluso al cabo de un tiempo cuando nos acordamos de ese día solo nos viene a la cabeza lo negativo. Así es como funciona nuestra mente, se queda con el dolor.

En cambio, si nos damos cuenta de que pasó algo negativo pero el resto fue apacible y ameno, podremos comprender que aquello que pasó fue algo puntual, para aprender alguna cosa de dicha situación. Bajo mi punto de vista, no existen las casualidades, sino que está la causalidad porque todo tiene un porqué. Un valor, una emoción, una persona, lo que quieres, lo que no quieres, lo que te gusta o lo que no te gusta serían algunas de las cosas que podemos aprender de lo que nos acontece. Por ello, entender que todo pasa por un porqué y que hay que ver la parte positiva nos invita a entender que nuestro dolor interno es un maestro que existe para que aprendamos algo importante, y cuánto más dolor, más intensidad lleva el mensaje, sin más.

Con todo esto quiero que entiendas que no hay malas pasadas, sino oportunidades de aprendizaje, y para ello tienen que captar nuestra atención mediante el sufrimiento o dolor interno. Cuando hemos aprendido esto, entonces podemos ver que no es por culpa de, sino gracias a que nos pasan las cosas, que podemos evolucionar como seres humanos y en nuestro camino evolutivo.

Y justo en ese punto es cuando podemos ver que perdonando de corazón es cuando nos damos cuenta de que en realidad el perdón es la rendición a lo que nos lleva de la mano, y de que la resistencia es una lucha interna que altera completamente nuestra paz interna, con todas las consecuencias que se pueden manifestar, como por ejemplo, las enfermedades físicas o mentales.

Muchas veces me dicen: «*Sí, sí, lo he perdonado*», pero en realidad perdonan con la mente. Si tú te pones la mano en el corazón, ¿puedes sentir que realmente has perdonado a esa persona o la circunstancia? Creemos que tenemos la sensación real de perdonar y dar paz a nuestro conflicto interno, cuando en realidad es algo muy mental. Si podemos hacerlo de

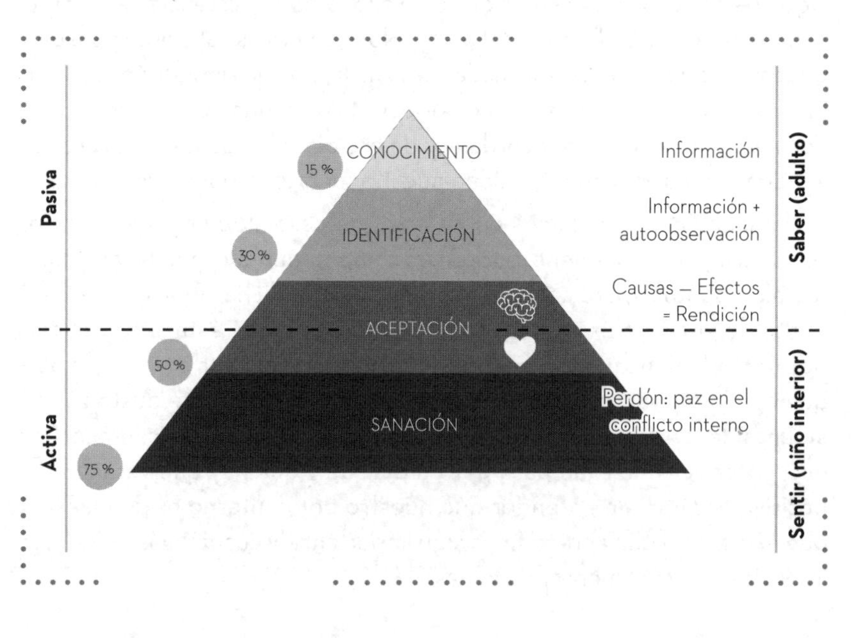

corazón, de una forma más activa hacia nuestro niño interno, sintiendo el perdón desde nuestras profundidades con amor y compasión, será cuando estemos llevando la sanación al 75 % del proceso, desde el corazón, desde el niño herido, rindiéndonos con amor al conflicto para recobrar la paz que en su día se pudo quebrar por dicha situación.

ETAPA 5: LIBERACIÓN

Esta es la quinta y última etapa, la de la liberación.

Con «liberación» me refiero a la reconstrucción de nuestro yo verdadero, a volver a la esencia de nosotros mismos. Este es el paso en que nos permitimos soltar completamente para que todo el proceso culmine, para que no nos vuelva a pesar, para que, sea como sea, no nos vuelva a doler. Este paso nos sitúa en el 90 % de todo el proceso realizado.

La tercera etapa, de la aceptación, con que nos situábamos al 50 % de la sanación, como la cuarta, de la sanación, y esta, de la liberación, que nos aproxima hasta el 90 %, son las tres etapas más activas de todo el proceso y desde lo más profundo de nuestro interior, nuestro niño herido. O lo que es lo mismo, son las tres etapas que tenemos que dar desde nosotros para poder elevar el nivel de todo el proceso, aceptando y perdonando desde el corazón, y poder ver todo lo que hemos aprendido y evolucionado para soltarlo completamente y podernos liberar de nuestra carga o dolor. Además, estas tres últimas etapas proceden completamente desde el sentir del niño; muchas veces ni tan siquiera lo comprendemos ni es una cuestión mental, solo el sentir del niño interior bajándolo al corazón, y pasamos completamente del campo mental al campo más emocional.

Cuando llegamos a este punto del proceso es cuando podemos sentir paz, calma interior y bienestar, llegando a nuestro verdadero yo sin limitaciones ni condicionantes emocionales o reacciones interpretativas, pasamos de hacer cosas por los demás o vivir con el piloto automático, aferrándonos a nuestro dolor interno y quedándonos en el 50 % de la sanación, a ser verdaderamente nosotros mismos: el **yo**.

Llegados a este punto, podemos entender por qué muchas veces nos quedamos a medio camino, sin ser conscientes de estar en la mitad del proceso.

También me gustaría aclarar por qué me mantengo en un 90 % del proceso y no reflejo el 100 %, ya que quiero dejar un margen que, bajo mi entender, siempre tenemos que dejar para mejorar en nosotros mismos, ese punto al que en un momento dado podamos acudir para ir más allá de nuestro proceso evolutivo. Si consideráramos que siguiendo estos pasos tuviéramos una sanación completa y perfecta, no nos daríamos la posibilidad de poder evolucionar tanto como podemos llegar a hacerlo.

También me gustaría puntualizar que tanto la parte pasiva como la activa del proceso necesitan de nuestra atención y observación, y requieren hacer todo lo necesario para que el proceso nos lleve a los resultados deseados. Si no actuamos en nosotros mismos de una forma presente y totalmente consciente, no podemos esperar que la sanación se manifieste

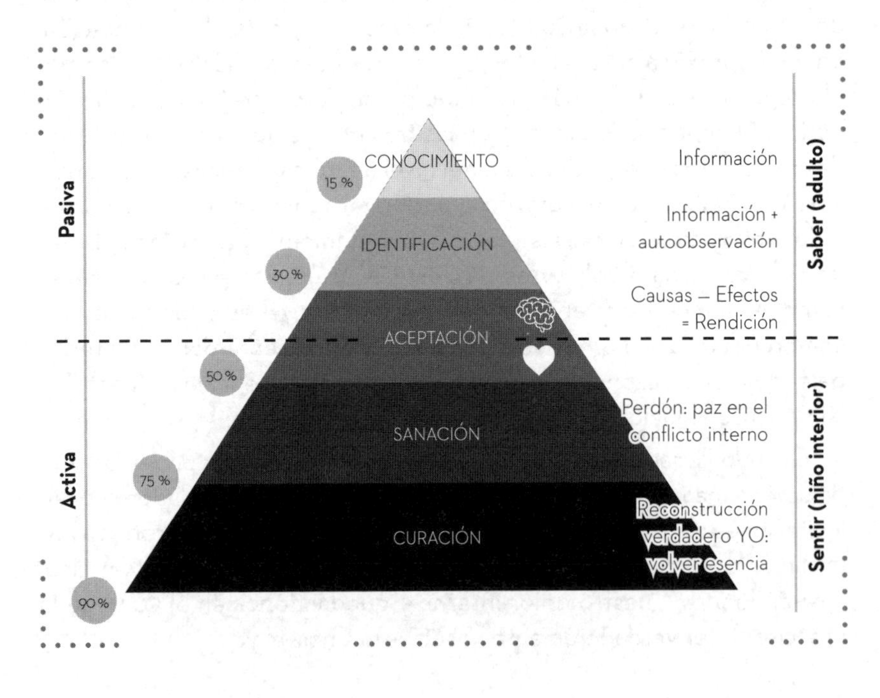

y realice de forma satisfactoria. También comentaré que es un camino en solitario, y con ello quiero decir que nadie lo puede hacer por nosotros. Podemos acudir a personas externas que nos ayuden, que nos cojan de la mano para guiarnos y extraer información tanto desde el pensar como del sentir, pero el trabajo es nuestro, nadie puede aceptar o perdonar por nosotros, y así, aunque nos duela o no nos guste pasar por ello, es totalmente necesario para poder culminar el proceso.

2. Método de Sanación SIC

Antes de empezar con la explicación y desarrollo del Método de Sanación SIC, me gustaría introducir un concepto cultural ruso que va muy relacionado con la simbología y el significado del presente método de sanación: las **muñecas matrioskas**.

Se trata de un conjunto de cinco o siete muñecas con un significado altamente relacionado con la familia, la amistad, la abundancia, el autoconocimiento y el amor.

Si las vemos físicamente, observamos que su característica principal es que son de diferentes tamaños, siendo gradualmente de más grandes a más pequeñas, y huecas por dentro, por lo que se pueden guardar unas dentro de las otras, como formando un mecano donde unas se van escondiendo en el interior, formando capas entre ellas, quedando la más grande en el exterior y la más pequeña en el núcleo de todas las muñecas.

Si entendemos la idea de las muñecas rusas, podemos empezar a introducir el concepto de la Sanación SIC, ya que el método, de cinco capas, va del exterior al interior, de lo más superficial a lo más profundo, desde nuestro ser adulto hacia nuestro niño interior. Cuando destapamos cada capa es cuando podemos reconocer qué hay en ellas, ver qué esconden en su interior y cómo se unen entre sí, ya que todas las capas están altamente relacionadas entre sí.

Entendiendo este matiz conceptual, que nos puede ayudar a comprender mejor el concepto que el libro quiere dar, voy a ir por partes para desgranar el significado de la Sanación **SIC**.

- **Sistemática** = forma parte de un sistema o método para conseguir un objetivo o resultado concreto, entendiendo como sistema un conjunto ordenado y pautado de normas o procedimientos.

- **Integrativa** = con este concepto quiero matizar la idea de que algo pasa a formar parte de otro algo o del todo, y que todo se completa y se complementa.
- Por **capas** = ya hemos visto que entender las diferentes fases o partes del sistema es importante para entrar de forma más plena en todo lo que conlleva el concepto de cada fase. Es fundamental entender que cada una de las partes que componen el esquema conceptual tiene su individualidad, al igual que lo tienen las relaciones entre ellas. Por este motivo hay que tomar conciencia en cada una de ellas, en cómo influyen en las otras y, en definitiva, en nuestra vida.

El Método de Sanación SIC es un sistema de sanación que conlleva la observación de cada una de las capas para poder ir profundizando de una forma escalonada, fácil y efectiva y logar así una sanación presente y consistente; un sistema para no quedarnos solo a medio recorrido del proceso, sino que una vez que lo entendamos podamos seguirlo paso a paso para llegar al objetivo final: la sanación. Veamos las capas por partes:

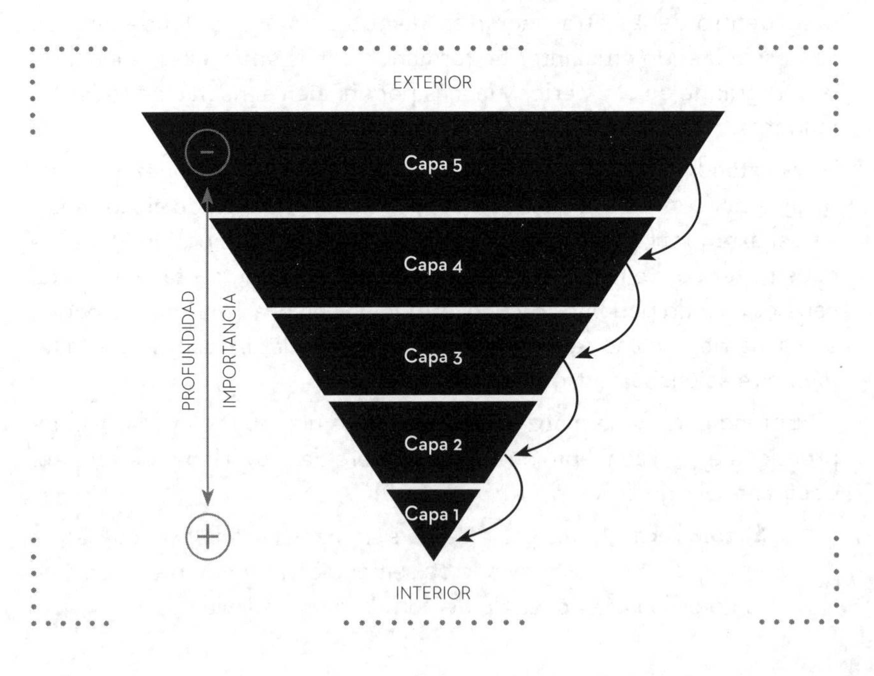

PRIMERA CAPA: LOS ESTÍMULOS *(parte física)*

Matrioska grande, en contacto con el exterior

Estamos rodeados constantemente de agentes externos que hacen que algo se active en nuestro interior; todo ello lo llamamos **estímulos**.

Para esta parte es muy importante ver cuál es la vía de entrada, ya que entran del exterior al interior mediante unos procesos tan automáticos que muchas veces ni somos conscientes de que trabajan activamente en todo momento para recibirlos tal y como llegan a nosotros.

Para ello, primero tenemos que hablar de los **sentidos**, aquellos órganos o mecanismos fisiológicos que nos permiten tener información de todo lo que nos rodea, de todo lo que percibimos físicamente, y que nos relacionan con el exterior, puesto que son la puerta de entrada para lo que después internalizamos:

1. El **oído** o **audición**: mediante este sentido percibimos unas vibraciones sonoras de nuestro entorno, que pueden llegar a través de sonidos simples o compuestos, y cuya unión nos permite recibir una gran cantidad de información del exterior.
2. La **vista** o **visión**: a través de los ojos percibimos imágenes del exterior, materializando nuestro entorno mediante una forma visible y captando todo lo que nos envuelve.
3. El **gusto** o **sabor**: este sentido está considerado uno de los dos sentidos «químicos» de que disponemos; a través de la lengua y la saliva podemos captar los cuatro tipos de gustos: dulce, salado, amargo o ácido.
4. El **olfato** o el **olor**: es el segundo sentido considerado como «químico»; mediante la nariz, percibimos centenares de olores que aportan información sobre lo que nos rodea.
5. El **tacto**: percepción a través de la piel de lo que tocamos, presionamos o acariciamos, que nos permite recibir información de lo que nos rodea, tanto cuando somos nosotros los que activamente tocamos, como cuando algo nos toca sin nosotros haberlo buscado.

El segundo concepto importante para esta capa es la **interpretación** de lo captado a través de los sentidos. Según la lectura que hagamos de lo que percibimos, puede cambiar notablemente el resultado o la interpretación. Para ello tenemos que tener en cuenta que hay muchas variables que pueden influir en este proceso: el momento, el lugar, si estamos acompañados o no, de quién lo recibimos, el estado de ánimo, nuestras cargas, la emocionalidad, la forma en que lo percibimos, nuestras heridas, entre muchas otras. Según cómo influyan estas variables, daremos una fuerza diferente a todos estos estímulos que vamos recibiendo constante y activamente.

Todos los estímulos que recibimos desde el exterior llegan a nuestra mente, donde se enlazan entre sí y con partes de nuestro interior más profundo, que también participan activamente en esta interpretación y que voy a ir desarrollando más adelante junto con las otras capas.

Por ello es importante que entendamos esta parte más externa y superficial del proceso, para saber reconocer cómo entra la información, nuestra interpretación y el uso que hacemos de ella porque, según cómo sea, serán el resultado y el efecto que influirá activamente en las otras capas y, en definitiva, en nuestra vida.

SEGUNDA CAPA: LAS RESPUESTAS *(partes física y mental)*

Segunda matrioska, bajo la piel

Después de ver la primera capa, podemos entender que, según lo que hemos captado, mezclado con nuestra interpretación y con todo lo que esta acarrea (cargas, traumas, experiencias vividas, miedos...), así serán nuestras respuestas.

Estarás de acuerdo conmigo en que, dependiendo de este proceso, así es como se inicia la acción o la reacción, y de ahí la importancia de entender el origen de estas respuestas para poder gestionar completa y plenamente nuestras acciones y reacciones. Veámoslo desde otro ángulo.

- Definición de **acción**: palabra que indica que una persona, animal o cosa está haciendo algo, está actuando (de manera voluntaria o involuntaria, de pensamiento, palabra u obra), lo que normalmente implica movimiento o cambio de estado o situación y afecta o influye en una persona, animal o cosa.

- Definición de **reacción**: 1) Cambio producido como respuesta a un estímulo. 2) Acción que resiste o se opone a otra acción, actuando en sentido contrario a ella.

Si unimos estos dos conceptos, podemos abordar el principio de Newton sobre acción y reacción, que nos dice que «por cada acción hay una reacción igual y en sentido opuesto». Por ejemplo, si sumerjo un recipiente en el agua, imprimiéndole una fuerza hacia abajo, automáticamente el agua del entorno creará una fuerza hacia arriba. O sea, acción y reacción en los opuestos, ¿lo ves?

Ahora te puedes estar preguntando: «¿Y esto qué tiene que ver con lo que estás explicando de las capas en sanación?». Si entiendes el concepto, verás que está altamente relacionado, porque las acciones externas nos producen reacciones internas, y al contrario, las acciones internas nos llevan a reacciones externas. Por ejemplo, cuando algo no nos gusta o nos enfada del exterior, internamente reaccionamos creando la emoción de la rabia o la ira. Y cuando sentimos rabia interna, reaccionamos físicamente acorde a ella externamente con gritos, malas palabras, golpes o incluso acciones violentas.

Si a todo ello juntamos lo que hemos visto anteriormente sobre los estímulos, vemos que según nuestro proceso de percepción e interpretación se forman nuestras respuestas, que llevarán una dirección u otra según el contexto y la fuerza que les demos. Esta capa se manifiesta tanto a nivel físico como a nivel mental, porque los pensamientos o creencias influyen de una forma muy activa e inconsciente en nuestras acciones y decisiones más cotidianas.

Tras comprender esta capa, podrás entender la importancia que tiene cuidar los detalles y saber por qué muchas veces actuamos de la forma en que lo hacemos, o reaccionamos ante ciertos estímulos que muchas veces ni nos planteamos o de los que ni siquiera somos conscientes. Todo tiene su procedencia, todo tiene su porqué, todo tiene un origen.

EL PROFESOR Y EL RELOJ ROBADO

(cuento anónimo)

Un día se encontraron un joven y un anciano.

—¿Se acuerda de mí? —le preguntó el joven, sorprendido al verlo.

—No, lo siento —respondió el anciano.

—Yo fui un alumno suyo. Ahora soy profesor, como usted. De hecho, fue usted quien me inspiró la vocación de maestro —le explicó el joven.

Estas palabras sorprendieron al anciano; y que el joven continuó contando:

—Un día, cuando estábamos en clase, un compañero llevó un reloj nuevo que despertó la envidia de todos los que allí estábamos. Particularmente, nunca había tenido reloj, y me entraron ganas de poseerlo, así que aprovechando un descuido se lo robé. Al poco rato, el compañero se dio cuenta de que no tenía el reloj y se dirigió muy disgustado a usted, que era el maestro, para explicarle lo que ocurría. Entonces usted se dirigió a toda la clase y nos dijo que a un compañero le habían robado el reloj y que el autor del robo estaba en aquella clase, por lo que pidió que se levantara y lo devolviera en aquel momento. Aun viendo que había obrado mal, no quería desprenderme de mi nueva posesión; además, me daba mucha vergüenza asumir mi falta. Entonces, en vista de que nadie se manifestaba, cerró la puerta de la clase y nos pidió que nos pusiéramos en fila y con los ojos cerrados.

—¿Y qué ocurrió? —preguntó el anciano.

—Usted cerró la puerta, ordenó que los alumnos nos pusiéramos de pie y dijo que iría por todos los bolsillos, uno a uno, hasta encontrarlo. Dijo también que cerráramos los ojos. Usted comenzó la inspección, y al poner la mano en mi bolsillo, encontró el reloj. Usted no dijo nada, y siguió registrando los bolsillos del resto de los alumnos. Cuando terminó de registrarnos a todos, anunció que había encontrado el reloj, por lo que ya podíamos abrir los ojos. Ese día usted me dio una gran lección, porque no me dijo nada, ni tampoco dijo a los alumnos dónde había encontrado el reloj. Para mí fue toda una inspiración. Por eso, debo agradecerle que no me humillara en público.

El viejo profesor le miró con ojos de compasión. A lo que el joven prosiguió:

—Aquel fue el día más vergonzoso de mi vida, pero al mismo tiempo, el día en que aprendí cómo podemos aprender de todo; y sobre todo aprendí que nuestras acciones pueden tener repercusiones en nuestra vida. Por eso decidí hacerme maestro, para seguir su ejemplo. Profesor, ¿se acuerda de aquel suceso?

El viejo profesor asintió con la cabeza, se quedó un momento pensativo, y le dijo:

—Recuerdo perfectamente aquella situación, pero no te recordaba a ti. Ni siquiera sabía que habías sido tú, porque mientras buscaba en los bolsillos yo también cerré los ojos.

Moraleja

Es importante darnos cuenta de que, según la forma en que actuemos, podemos dañarnos a nosotros mismos y también a otras personas. Debemos mirar nuestros actos como algo que nos permita ser mejores por nosotros mismos, sin necesidad de dañar a los demás.

TERCERA CAPA: EL SUBCONSCIENTE *(parte mental)*

Tercera matrioska, el ecuador: la separación entre lo superficial y lo más interno

Me gusta poner esta capa en la zona intermedia, ya que influye en todas las demás y, como la parte mental, puede hacer más visible la separación entre las capas más físicas y las emocionales.

La parte mental está compuesta *grosso modo* por dos formas distintas de procesar la información. Una de ellas es la consciencia, la parte más visible y fácil de recuperar para nosotros. En ella es donde se hallarían los recuerdos, las ideas, pensamientos y demás. Por otro lado, tenemos el subconsciente, la parte menos visible o reconocida por nosotros. Veamos un poco más por extenso el concepto.

- Definición de **subconsciente**: conjunto de procesos mentales no percibidos conscientemente por el individuo, pero que pueden aflorar en determinadas situaciones e influir en su manera de actuar o en su carácter.

Aquí es donde podemos encontrar los traumas no reconocidos, ciertas emociones limitantes (como el miedo), y creencias aprendidas o impuestas, entre muchas otras.

Es común hallar este concepto explicado mediante el símil de la parte sumergida debajo del agua del iceberg, la más profunda y no-visible del trozo de hielo, casi siempre mucho más grande que la parte que sobresale en la superficie; en definitiva, lo que se esconde en el interior, no reconocido ni aceptado.

Es fundamental que estudiemos y analicemos esta parte más profunda y menos comprendida para entender cómo sus mecanismos internos mueven los hilos de nuestro comportamiento y de la interpretación de nuestra vida en general. Para ello, quiero remarcar tres conceptos altamente relacionados con este y que merecen ser estudiados.

1. EL EGO

Como dijo Eckhart Tolle: «Todo lo que necesitas saber y observar en ti mismo es esto: siempre que te sientas superior o inferior a alguien, ese es el ego en ti».

El ego es considerado una manifestación del miedo, y se sitúa en la parte más mental de nuestro ser. Habitualmente se disfraza con múltiples máscaras, entre las que encontramos la posesión, los celos, la inseguridad, comparaciones, juicios, falsas justificaciones, orgullo, exageración, sentirse superior o la ilusión de poder, entre otras.

También nos podemos encontrar en el otro extremo a personas que tienden a rebajarse o parecer más débiles. Sienten tanto miedo a no ser reconocidas, aceptadas o a equivocarse, que se esconden detrás de ese telón de inferioridad o debilidad. Hay que darse cuenta de que si al darles un poco de poder o admiración cambian por completo, en realidad estaban bajo el embrujo de una falsa humildad, y eso también es una manifestación del ego.

Por mi parte, comparto la idea de los que defienden que el ego es un aspecto de nuestra humanidad que necesitamos reconocer para ponernos en acción cuando los aspectos más mentales, emocionales o espirituales están en completo desequilibrio. O lo que es lo mismo, cuando nuestro ser más interno se siente en niveles más bajos, densos o lentos, y se necesita tirar del ego para compensar su estado irregular y así no sentirse vulnerable.

Hay personas que piensan que el ego es nocivo, malo o un enemigo; en realidad, yo considero que es todo lo contrario: cuando reconocemos la parte del ego en nosotros es cuando hallamos la clave de algún aspecto que tenemos que trabajar internamente para desarrollar o equilibrar esa alteración. Por ello, podría decirse que es más amigo que enemigo, porque si lo sabemos escuchar y reconocer, resulta ser ese gran maestro que nos permite aprender ciertas lecciones. Una vez leí que el ego es una herramienta para el despertar, la autoobservación, el crecimiento y el aprendizaje. No podría estar más de acuerdo.

Como lo hemos ubicado en la parte más subconsciente de nuestro sistema, se puede entender que es muy hábil para camuflarse y refugiarse en esas máscaras más visibles para que no lo podamos reconocer. Por eso es importante hacer un gran trabajo en esta materia en ciertas prácticas introspectivas, con constancia y perseverancia, para destapar lo verdaderamente importante que esconde: una lección para nuestra evolución personal.

Desde que estoy en el crecimiento personal y el apasionante mundo del autodescubrimiento, siempre he escuchado y plasmado una teoría:

el amor nos acerca a nuestros sueños; el miedo los aleja. Por ello, y entendiendo que el ego es una forma más de manifestarse el miedo que se esconde en nuestro interior, se hace más comprensible la frase de Pema Chodron: «El ego busca dividir y separar; el espíritu busca unificar y sanar». En ella vemos reflejada la idea de que el ego es miedo y el espíritu es amor, siendo este último nuestra verdadera meta.

Al tratar el ego (el miedo escondido, invisible, no reconocido, ni aceptado), si lo rechazamos u obviamos podemos obtener el efecto contrario: sin ser nuestra intención, le damos más fuerza o importancia, o al menos lo dejamos en el mismo lugar donde se encontraba, con lo que nos seguirá acompañando en nuestro día a día. Si por el contrario, tenemos la voluntad de reconocerlo, no como algo negativo, sino como un aprendizaje, podremos aceptarlo y abrazarlo para que así, de una forma fácil e inclusiva, pueda formar parte de nosotros de un modo más positivo y nos ayude a construir, aportar y entendernos más y mejor.

Como podríamos escribir un libro entero sobre este concepto, no quisiera ir más allá de una noción básica, dado que es una parte fundamental en esta capa del subconsciente que estamos tratando. Porque el ego es aquella parte de nuestras acciones y reacciones que hace que no entendamos por qué muchas veces actuamos, pensamos o sentimos tal como lo hacemos. Y por este motivo tenemos que entender que es una parte activa, inconsciente y permanente de nuestro esquema del ser.

2. EL AUTOBOICOT O AUTOSABOTAJE

- Definición de **boicot**: impedir o interrumpir el desarrollo normal de un proceso o de un acto como medida de protesta o como medio de presión para conseguir algo.
- Definición de **sabotaje**: entorpecimiento intencionado o malicioso de una actividad, idea, proyecto, etc. El prefijo *auto*- significa 'de o por sí mismo'.

O lo que es lo mismo: cuando nos ponemos obstáculos o vamos en contra de nuestros propios deseos y/o necesidades y nos impedimos avanzar.

Excusas, mentiras, pensamientos negativos, baja autoestima, comparaciones, sentimiento de fracaso, la procrastinación, no tener voluntad, no ser constante... serían algunos de los ejemplos que definen este concepto.

Frases como: «Tengo que hacer algo, pero lo haré luego», «No sé qué hacer», «No me importa», «No me apetece»... son algunos de los ejemplos que nos podemos encontrar en nuestro día a día. ¿Cuántas veces has querido empezar a ir al gimnasio, una dieta o dejar de fumar y has dicho alguna de ellas? En realidad, no es que no quieras, o no te apetezca o no sepas cómo empezar a hacerlo. Lo cierto es que actuar implica tener que responsabilizarse de ser constante, hacer lo que se tenga que hacer y ser consecuente con lo que se esté haciendo. Y esa es la palabra clave: la responsabilidad. Nos cuesta tanto responsabilizarnos de nuestros actos, decisiones, palabras o demás que, sin pensarlo ni ser conscientes, nos autoboicoteamos porque es lo más fácil o, dicho de otra forma, lo que cuesta menos.

Uno de los patrones más comunes de esta actitud es el escaquearse o el evitar ciertas circunstancias o personas por no afrontar lo que pueda suceder.

En realidad, con ello nos estamos impidiendo tomar las riendas de nuestra vida, nos mantenemos en un papel de espectador porque así no nos responsabilizamos e incluso, muchas veces, podemos culpar a las circunstancias, a los demás, al gobierno, al jefe, a la pareja, a quien sea menos a nosotros, de que no suceda determinada cosa en nuestra vida.

Cuando nos autosaboteamos, no nos damos la oportunidad de crecer ni avanzar, y ello nos puede generar una sensación de incertidumbre o frustración. Por ello hay que actuar, fortalecer nuestra actitud y reforzar la idea de que somos lo suficientemente buenos para que nos pasen cosas positivas, salir de nuestra zona de confort y aspirar a más.

3. LA AUTOCHARLA NEGATIVA

¿Quién no tiene una voz interior que le habla sin cesar? La «Antonieta», el «coco-loco», la «croqueta», la «radio», el «ángel y el demonio», la «voz mental»... Se la ha bautizado de muchas y diferentes maneras.

A mí me gusta llamarla «la radio»; sí, aquella que tenemos siempre activa y sintonizada, «dándole a la oreja», cuestionando todo lo que pasa a su alrededor; una voz que no para y que está totalmente ligada a los estímulos que recibimos e interpretamos y a las respuestas que vamos a exteriorizar, como moviendo los hilos de una marioneta que nos mueve a su antojo.

Me estoy refiriendo a aquella voz que se forma en nuestra mente, fundamentalmente con un mensaje negativo, que suscita la duda y la autocrítica, y generalmente nos hace creer una historia muy diferente a la realidad.

Lo peor de esta autocharla no es lo que nos dice, es que nos la creemos: es el fundamento de nuestros pensamientos y muchas veces también de nuestras decisiones, y vemos nuestra propia realidad a través de ella.

No nos damos cuenta de que la fuerza que concedemos a este diálogo interno lleva un filtro que hace que distorsionemos la verdad y cambiemos totalmente el punto de vista de las cosas. Nos aleja de la realidad más transparente, de quienes somos y de todo lo que podemos hacer.

Esta conversación interna que nos manda mensajes constantemente está alimentada por creencias limitantes, miedos, juicios, inseguridades, dudas, culpas, etc.

Cuando le damos fuerza y no nos planteamos si realmente es verdad o no, caemos en su influjo de manipulación, llevándonos a vivir con el piloto automático. Ahora yo te pregunto: si hemos dicho que esta autocharla está alimentada por miedos, juicios, inseguridades y demás, ¿cómo crees que será el resultado de la misma?

Una baja autoestima, algo que nos han dicho, algo que hemos creído, visto u oído, preocupaciones, emociones negativas, heridas, falsas expectativas no resueltas, sentimientos de fracaso o de insatisfacción, decepciones ... vengan de la persona que vengan, no importa, para la voz interior son reales.

Tienes que saber que nuestra mente se aferra a lo negativo, a lo que nos hace sufrir, y por ello esta voz se retroalimenta constantemente lanzando mensajes que dañan inconscientemente nuestro propio poder interno, debilitando nuestras fortalezas, posibilidades y oportunidades.

La mente es tan poderosa que nos puede hacer creer cualquier cosa. Lo mejor de todo es que, cuando tomamos conciencia de ello, vemos que es precisamente este el gran obstáculo para poder pensar y crear mentalmente en libertad. Por ello tenemos que responsabilizarnos de todo lo que pasa por nuestra mente, para preguntarnos si realmente es verdad o no lo que nos estamos contando y así, desde la realidad no filtrada y transparente, poder actuar en consecuencia.

No permitas que esta autocharla se interponga en tu camino, reconócela como una mentira y cambia su mensaje por otro positivo, libre, empoderado, que te aporte y que te haga mucho más fuerte.

CUARTA CAPA: LAS EMOCIONES *(parte emocional)*

Cuarta matrioska, entrando en las profundidades

Me gustaría empezar esta parte de las emociones explicando un poco de neurociencia para que podamos ver la importancia de esta cuarta capa.

Los seres humanos tenemos tres cerebros: el **reptiliano**, el **límbico** y el **racional** o **neocórtex**. Veámoslos uno a uno.

1) CEREBRO REPTILIANO (el relativo al actuar)

Este cerebro corresponde al 80 % del tamaño total del cerebro. Es el primero que se desarrolló, y está repleto de memorias ancestrales, funciones automáticas y respuestas directas, reflejas e instintivas.

Esta parte cerebral se ocupa de las funciones más básicas para la supervivencia, la reproducción, el ejercicio del poder, la defensa y la protección. No piensa ni siente, solo actúa en modalidad piloto automático.

Siempre está activo procesando todos los estímulos, aunque no seamos conscientes de ellos, incluso durante el sueño.

Es el que controla la vista y los demás sentidos, la respiración, el movimiento del cuerpo, las constantes y las funciones vitales del organismo, y está relacionado directamente con el impulso, la ira y la agresividad para defender el territorio. Es el responsable de nuestra conducta instintiva.

Su función está bajo el principio de acción y reacción (segunda capa de la Sanación SIC), conductas simples e impulsivas.

2) CEREBRO LÍMBICO (el relativo al sentir)

Es el cerebro que más nos importa, y se relaciona con la cuarta capa que estamos viendo.

Corresponde al 15 % del tamaño del cerebro y es la parte responsable de la aparición de las emociones asociadas a cada una de las experiencias que se viven. Es el que siente las emociones agradables de placer y el que se aparta de las sensaciones desagradables de dolor. Además, no solo gestiona emociones, sino también toda la información que recopila a través de los sentidos y las sensaciones, las analiza en términos de agradable o desagradable, lo que determina si nos sentimos bien o mal, o algo nos gusta o nos disgusta.

También es el cerebro afectivo, el que nos estimula y motiva para la consecución de nuestras metas; por ello, influye en gran medida en nuestros estados emocionales e, indirectamente, en nuestra salud general, ya que las emociones están íntimamente relacionadas con nuestro sistema inmunológico.

3) CEREBRO RACIONAL o NEOCÓRTEX (el relativo al pensar)

Este cerebro corresponde al 5 % del cerebro en cuanto a tamaño, y es el que se relaciona con la parte más funcional, abstracta, lógica y analítica. Nos permite leer, planificar, calcular y analizar. Controla el lenguaje, el pensamiento abstracto y las habilidades cognitivas.

Gracias a él, somos capaces de imaginar el futuro, marcarnos metas y planificar acciones. Permite la aparición del pensamiento sistemático y lógico, que existe independientemente de las emociones y de las conductas programadas por nuestra genética.

Me gustaría hacerte reflexionar un instante sobre esto que acabas de leer:

El cerebro más racional (mental: pensamientos, ideas, razonamientos) solo ocupa el 5 % de nuestro cerebro y es al que más atención concedemos en nuestro día a día. En cambio, el límbico, el cerebro más emocional, que ocupa un 15 % e influye directamente en las enfermedades y nuestra salud, no sabemos cómo funciona ni cómo gestionarlo; muchas veces, ni tan siquiera somos conscientes de que tenemos emociones.

Como reacción a estos dos, funciona el reptiliano, con nuestras acciones más automáticas y primitivas... Creo que es importante saber esto para entender un poco de nosotros mismos, de nuestras reacciones, pensamientos y emociones.

También creo que es interesante que sepas que los tres cerebros están todos conectados entre sí; por ello, tenemos que darles la importancia que toca a cada uno y a la unión de los tres. De la misma forma, es necesario que dejemos que cada uno actúe en los temas que le competen. Por eso no es conveniente tratar temas emocionales con la razón ni temas racionales con la emoción, por ejemplo. Cuando una persona está sometida a una fuerte carga emocional es muy difícil que pueda razonar. Lo que hace es reaccionar.

Vista esta parte más empírica, veamos pues qué son y cómo actúan las emociones en sí.

Una emoción es una reacción bioquímica, energética y fisiológica que se origina o se desarrolla ante un estímulo y que nos permite responder de una manera adaptada a nuestro entorno.

Las emociones son una respuesta automática e inmediata del organismo frente a un estímulo, respuesta que engloba la sensación física, la expresión y la reacción desencadenante.

La palabra «emoción» proviene del verbo latino *moveō*, que significa 'mover' y que, a la vez, precedido por e-, significa 'alejarse'. Por ello, entendemos que en cada emoción hay implícito un movimiento, una tendencia a actuar en la que se entremezclan la energía y el movimiento.

Tendemos a pensar que existen emociones positivas y negativas, lo que no es del todo cierto. Por inverosímil que te parezca, las emociones son neutras; según cómo vivamos cada situación, clasificamos lo que sentimos como agradable o desagradable, y de ahí surge esta clasificación. O lo que es lo mismo, la fuerza recae en la interpretación que nosotros tenemos de los sucesos dependiendo de cómo nos hacen sentir. Por ello, podemos deducir que las emociones son el resultado de la fuerza interpretativa que nosotros le damos al vivir una circunstancia. Así que no existen emociones positivas o negativas, sino emociones que vivimos de una forma más o menos placentera. Bajo mi punto de vista, todas las emociones son positivas, incluso las que vivimos de una forma desagradable, porque en la incomodidad de sentirlas es donde vemos que aquellas reacciones están sucediendo por alguna cosa en concreto, que se ha originado y se ha manifestado en nosotros porque tiene algo que enseñarnos. Por ello, vemos que todas las emociones surgen por un motivo implícito o explícito, consciente o inconsciente, y que además llevan un mensaje o enseñanza con el que podemos aprender y evolucionar para poder llevar una gestión emocional que nos aporte y enseñe algo que tengamos que cambiar en nosotros o en nuestra vida.

Así que, con todo lo explicado, estarás de acuerdo conmigo en que las emociones bien gestionadas son aliadas para nuestro propio progreso y evolución. Solo hay que saber mirar detrás de ellas, lo que nos dicen, lo que nos muestran, y a partir de ahí aprender de nosotros mismos y de las circunstancias.

Paralelamente, además de aportar directamente a nuestra vida, descubrir qué se esconde detrás de cada emoción nos ayudará a empatizar con nuestro entorno y a saberlas reconocer en y fuera de nosotros.

Cuando hablamos de emociones también me gusta hablar de gestión emocional, porque es el pilar para poder optimizar lo que esta capa de la Sanación SIC nos puede mostrar. Y esto voy a mostrártelo con un símil.

¿Verdad que cuando te entra una piedra en el zapato y te molesta al caminar te paras, te lo quitas, sacas la piedra, te pones otra vez el zapato y vuelves a la marcha? Entonces, ¿por qué cuando te molesta una emoción o no la vives de una forma placentera no te paras a gestionarla? De una forma inconsciente, cuando no nos gusta tener ciertas emociones, tendemos a evitarlas o ignorarlas, no entendemos o no nos paramos a observar un posible conflicto interno y, mucho menos, a gestionarlo.

Nos enseñan matemáticas, historia o geografía, pero desgraciadamente una educación para la gestión emocional rara vez la vemos (tengo que decir que cada vez se da más y de una forma más consciente, aunque, bajo mi punto de vista, todavía tenemos camino por recorrer).

Tenemos que tener en cuenta también que, según de quién aprendamos la gestión emocional (padres, educadores, abuelos, profesores...), si no saben separar sus propias emociones o sus cargas, en sus lecciones quedarán implícitas sus interpretaciones de las mismas, con lo que neutras, lo que se dice neutras, tampoco serán. Por ello, poder reconocerlas y saber qué nos quieren decir y cómo gestionarlas nos darán un punto más objetivo y necesario desde el cual tratarlas de la forma en que realmente nos puedan aportar, lejos de cualquier lectura adicional que lleven implícita.

Según ciertos estudios, existen 270 emociones humanas y 27 formas de expresarlas. De todas estas emociones, según estos estudios, 70 de ellas están catalogadas como positivas, 130 como negativas y 70 variables según el contexto. Como no podemos entrar en todas las emociones existentes, voy a basar esta parte del libro y la Sanación SIC en seis emociones: las cinco emociones básicas y primarias que existen más una emoción que para mí es igual de relevante que las cinco clasificadas.

Las cinco emociones más relevantes son la alegría, el asco, la tristeza, la ira y el miedo, mi puntito de sal adicional se la otorgo a la culpa. Y me gustaría hacer una reflexión sobre lo que estoy exponiendo: si de las cinco emociones más básicas y primarias (por no contemplar la culpa en ellas) una de ellas la tendríamos como emoción que vivimos de forma agradable, el resto, repito, el resto de ellas, las vivimos de forma negativa si no las sabemos gestionar de una forma adecuada. ¿Te das cuenta del porcentaje del que estamos hablando? Tanto si hablamos de una entre cinco, o de 130 o 200 de 270, ¡y no nos enseñan a gestionarlo! O sea, nos quitamos la piedra de un zapato, pero no aprendemos a gestionar algo tan sumamente importante como son las emociones que afectan directamente a nuestra salud y vida en general.

Bien, pues dicho todo lo anterior, empecemos a desmigar emoción por emoción para aprender de ellas.

La primera es la **ALEGRÍA**. Qué decir de esta emoción más que la disfrutes, la expandas y te alíes con ella como compañera de vida. Esta emoción es un regalo que aporta y suma en tu vida, por ello no permitas que pase de puntillas, sino hazla presente y consciente y vívela con todos los sentidos.

La segunda emoción, entrando ya en la clasificación de emociones que no nos gusta tanto sentir, es el **ASCO**. Y te preguntarás: ¿el asco es una emoción tan importante como para estar entre las emociones básicas de los seres humanos? Sí, señor. Esta es, quizás, la emoción que más nos puede sorprender, ya que todas las personas la sentimos en algunos o muchos momentos de nuestra vida, y la tenemos tan normalizada, que ni tan siquiera somos conscientes de ello.

La emoción del asco puede llegar a repugnarnos tanto, que la intentamos evitar completamente, o al menos, de una forma evidente. Sin embargo, he de decir a favor de esta emoción que es una de las más importantes de nuestra vida porque es altamente protectora y nos cuida, ya no solo en lo que toca a la alimentación, sino también en lo relacionado con la higiene personal y la preservación de valores culturales o sociales.

Cuando nuestro cuerpo responde a esta emoción, lanza el mensaje de cuidar o proteger algo que puede que no nos siente bien, tanto a nivel físico, mental o a uno más interno. Cuando surge el asco es cuando nuestro ser nos muestra una bandera roja de alerta para que vayamos con cuidado y nos aseguremos de que algo no nos dañe.

Insisto, no solo estamos hablando de todo aquello que ingerimos. Es igual o más importante tenerla en cuenta respecto a todo aquello que vivimos o vemos de nuestro entorno que nos desagrada. Por ejemplo: cuando vas por la calle y ves algo que no te gusta y sientes repugnancia sobre lo que está sucediendo. En un caso semejante, nos indicaría algo que puede dañar nuestra integridad física y/o moral.

Por eso, a partir de ahora, cuando sientas asco no retrocedas sin más, sino observa qué mensaje te está proporcionando, ya que encontrarás en la letra pequeña de su enseñanza una moraleja de protección y seguridad en tu vida.

Dicho todo esto, ¿todavía piensas que el asco es una emoción negativa? Todo lo contrario. Gracias a ella podemos descubrir qué se oculta detrás y cuánto nos puede aportar.

La siguiente emoción a tratar es la **TRISTEZA**. ¿A quién le gusta sentir esta emoción? Quizás es una de las emociones más conscientes y duras de transitar. Es una emoción que nos invita a la interiorización, nos lleva de la mano a un momento de baja energía emocional. Mucho tiempo viviendo en esta emoción incluso nos puede llevar a la depresión. Si nos anclamos en ella, podemos bajar nuestro mundo interior de una forma muy intensa; por ello, tenemos que reconocer estos ciclos tristes y entender por qué se originan para poder aprender de ellos.

La palabra clave de esta emoción es la de pérdida. Cuando la tristeza se manifiesta, generalmente, es porque has perdido alguna cosa: puede ser una persona, un objeto, una circunstancia, una relación, la salud, un proyecto, una ilusión, o incluso una emoción. Puedes sentirte triste por el simple hecho de perder la autoestima, la confianza o la sonrisa.

Sobre dichas pérdidas tengo que hablarte del proceso de duelo, compuesto por cinco etapas, que nos permite transcurrir por esta emoción y transitarla de una forma presente y consciente. Cuando te sientes triste, es importante ver qué has perdido para poder llevar el duelo de una forma correcta y, a pesar de todo, satisfactoria.

Para poder gestionar esta emoción, tienes que pasar por todas las fases del duelo. Veámoslas:

1. **Negación**: la primera reacción es negar la aceptación de la pérdida, especialmente en el caso de separación o muerte de un ser querido. En esta parte se pueden entrelazar tanto la sorpresa como el miedo.
2. **Ira** o **enfado**: puede estar dirigida hacia la persona en cuestión, el entorno o incluso un concepto más global (la vida, el universo o el mismísimo Dios). A veces, también, esta ira puede revertir hacia uno mismo y convertirse en culpa. En esta etapa podemos sentir cólera, indignación o resentimiento.
3. **Negociación**: es la etapa en la que la persona afectada busca aquellas soluciones que habrían podido darse para evitar dicha pérdida,

el momento en el que uno se plantea qué hubiera podido hacer para que no sucediera. En esta fase podemos sentir incertidumbre o desconsuelo.

4. **Depresión**: en esta etapa, la pérdida se hace evidente y uno se da cuenta de que la ira no nos devuelve lo que hemos perdido. Esta es la parte que más se puede alargar y es la que se puede convertir en estados más depresivos. En ella podemos experimentar tristeza profunda, aversión, frustración y nostalgia.
5. **Aceptación**: esta es la etapa final del proceso, cuando podemos asumir la realidad y así reorganizar nuestra vida aceptando la ausencia que ha acontecido en nuestra vida.

Visto todo lo anterior, comprendes que la tristeza aporta el mensaje o la enseñanza de la interiorización, que te invita a parar, dejarte sentir y reconstruir tu vida sin aquello que has perdido, y que la misma emoción te ha llevado a procesar el duelo para la asimilación y aceptación de la misma.

La mejor forma de expresar la tristeza es a través del llanto o la escritura terapéutica (más adelante te enseñaré una forma de hacerlo), por ejemplo. Necesitamos reconocer lo que hemos perdido y cómo vamos a gestionarlo a partir de entonces para recuperar el equilibrio en nuestra vida.

Con todo ello, ¿ves todo lo positivo y constructivo que la tristeza te enseña? Gracias a ella ves cuándo tienes que hacer un alto en el camino para poderte regenerar y volver a salir al fascinante mundo de la vida sin lo que ya no tienes, porque lo has perdido o ya no está en ti. Anclarnos a ello sin ya poseerlo es aún más negativo que la misma emoción. ¿Se entiende? Bien. Continuemos.

La siguiente emoción a tratar es la **RABIA** o **IRA**. ¿Quién no ha sentido alguna vez en su vida un apretón de dientes, el calor interno que sale por las orejas o nariz, o un enfado tal que, apretando los puños, se llevaría a quien fuera por delante?

Esta es una de las emociones que, si no se saben gestionar, nos pueden conllevar unas consecuencias perjudiciales e incluso desenlaces devastadores. Por ello, es importante aprender de ella y saber cómo gestionarla, lo que nos permitirá transformar la destrucción que pudiera acarrear en una construcción emocional consciente.

¡RECUERDA!

La diferencia entre rabia o ira radica en su intensidad.

Cuando sentimos esta emoción, podemos notar como un calor interno que hace que la energía de nuestro cuerpo suba y esto nos permite actuar, o lo que es lo mismo, nos otorga ese poder interno para que hagamos lo que está en nuestra mano para cambiar lo que nos enfada o disgusta. Sin estas ganas de cambiar lo que nos enfada, es como nos quedamos quietos con esa rabia, y la rabia sostenida en el tiempo se convierte en resentimiento.

Sentir ira o rabia nos permite ver qué no nos gusta o queremos cambiar y utilizar esta energía extra para hacer lo que tengamos que hacer para revertir esa situación. Si sentimos la emoción y no hacemos nada al respecto, no nos servirá de nada sentirla, todo lo contrario: puede jugar en nuestra contra. En cambio, sentirla, ver qué nos indica y actuar es una forma de liberarla y gestionarla. ¿Ves lo positivo de dicha emoción?

La siguiente emoción que vamos a tratar es el **MIEDO**. Podría escribir un capítulo o un libro entero sobre esta emoción, pero nos vamos a quedar con los conceptos básicos para ver qué nos aporta y el mensaje que oculta para saberlo gestionar y que no limite nuestra vida.

Que levante la mano quién no haya sentido miedo alguna vez. ¿Cuántas cosas hemos dejado de hacer o vivir por miedo? Creo que no me equivocaría al decir que en este punto nadie ha levantado el brazo en la primera pregunta, o que todos han pensado en infinidad de oportunidades perdidas como respuesta a la segunda, porque el miedo junto con la culpa son las dos emociones más comunes en los seres humanos.

Esta emoción puede paralizar nuestras acciones o decisiones, y podemos intentar evitarla para no sentir la incertidumbre o angustia que puede llegar a provocar. Lo peor de todo es que está constantemente presente en nuestras vidas, muchas veces sin saber qué mensaje nos aporta o cómo debemos gestionarlo.

El miedo, igual que vimos con el asco, es una de las emociones más protectoras que tenemos, puesto que nos incita a la supervivencia. Si viviéramos sin miedo, seguramente moriríamos, ya que actuaríamos de una forma temeraria, afrontando peligros que amenazarían nuestra vida. Por ello, es bueno tener y sentir miedo, pero sin que nos paralice. Hay que observar qué mensaje nos trae para poder hacer lo que tengamos que hacer aun sintiéndolo: hazlo con miedo, pero hazlo.

Tenemos que saber que esta emoción puede ser causada por motivos reales o imaginarios, y como todo lo que pasa por la mente, esta se lo cree; tendemos a sentir miedo de cosas o situaciones que son totalmente irreales, y a veces vivimos inmersos en el miedo más terrorífico y absoluto de todos.

El miedo está presente en la mayoría de nuestras decisiones, lo que nos lleva a un estado de baja densidad o «vibración», y como respuesta sintonizamos nuestros pensamientos y actos al mismo nivel. Por ello, las respuestas más comunes cuando sentimos esta emoción son: la defensa agresiva, huir, paralizarnos, o quedarnos en un estado de sumisión.

Es una emoción tan importante que no podríamos vivir sin ella. Nuestra felicidad depende de cómo vivamos las diversas situaciones de nuestra vida y de cómo interpretemos todo lo que nos ocurre. Un miedo mal gestionado nos limita completamente: si te detienes, te gana, dejas de hacer, dejas de ser, dejas de vivir.

¡RECUERDA!

El miedo no es un problema, el problema es lo que hacemos con él. Así pues, cuando sientas esta emoción, hay que saberla gestionar de forma correcta, viendo qué es exactamente lo que te está produciendo el miedo, tomar consciencia, afrontarlo y ver cómo puedes transformarlo para continuar tu vida de una forma tranquila y fluida. ¿Hace falta que te recuerde que todo lo que estamos viendo tiene más de positivo que de negativo?

Afrontar y superar los miedos irracionales es totalmente necesario para mejorar tanto nuestra salud física y mental como la emocional, y poder llevar así una vida sin limitaciones ni condicionamientos.

Veamos la última de las emociones que quiero comentar, mi puntito de sal en la clasificación de las emociones básicas y primarias: la **CULPA**. Es posible que te preguntes por qué no está dentro de esa clasificación. Aunque lo cierto es que los entendidos en la materia no se ponen de acuerdo en si estamos frente a una emoción o a un sentimiento, y por ello, queda aparte de dicha clasificación, por su importancia no me gusta ignorar algo tan presente y cargante como es esta emoción (a mí me gusta incluirla en la misma estantería de las emociones que hemos visto anteriormente, y por ello me voy a referir cuando hable de ella como a tal) en nuestra vida.

La culpa es una respuesta emocional que surge desde la creencia de haber transgredido cualquier norma ética, personal o social. O lo que es lo mismo, es la acción u omisión que provoca un sentimiento de responsabilidad por cualquier daño causado o con intención de causarlo.

Como todas las emociones que hemos ido viendo en este apartado, la culpa también tiene su mensaje positivo o aleccionador, ya que cuando la sentimos es para hacernos conscientes de que algo que hemos hecho, dicho, pensado o sentido no nos ha gustado o hubiéramos preferido que fuera de otra forma; por ello, sentimos como un arrepentimiento y esta es, precisamente, la clave de alerta de la culpa.

El mensaje de la culpa es concienciarnos de los errores que cometemos para poderlos corregir, entender que, cuando fallamos o nos equivocamos en algún aspecto de nuestra vida, encontramos la clave de cómo no teníamos que haberlo hecho. Por ello se la considera la emoción de las segundas oportunidades, ya que, cuando vemos nuestro error de una forma cargante o negativa (que es como vivimos la emoción de la culpa), aprendemos a hacer las cosas de distinta forma para no sentirnos culpables.

Cuando una persona siente que no ha hecho «lo que se debe», automáticamente suelen entremezclarse en ella otras emociones activas y primarias o ciertas conductas limitantes, como:

- Rabia, por haber fallado.
- Tristeza, por el dolor causado.
- Miedo o ansiedad, por las posibles consecuencias futuras.
- Frustración o insatisfacción, si lo vemos como un fracaso.

- Remordimiento de conciencia sobre lo sucedido.
- Victimismo, como justificación de sus errores o fallos.
- Baja autoestima, como concepto destructor de uno mismo o desvalorizador de sus actos.
- Falta de libertad, si nos ligamos a nuestros «deberes y obligaciones».
- Vergüenza, si creemos que nuestro entorno va a cambiar el concepto que se tiene de nosotros.

Una de las respuestas inconscientes de dicha emoción es el autocastigo que aprendemos en la etapa más infantil como resultado de nuestros errores. Piénsalo bien: ¿qué pasaba cuando eras niño y hacías algo mal? ¿Cuántas veces te quedaste sin salir, sin tu postre preferido, sin jugar o castigado solo en tu habitación? Con este sistema de aprendizaje, nuestra mente entiende que cuando uno falla hay que pagar por el error de alguna manera, y bajo esta premisa, cuando somos adultos inconscientemente nuestra forma de actuar es exactamente la misma: fallamos, nos lamentamos y nos castigamos, sea como sea.

Otro punto crucial que tenemos que entender como origen de esta emoción es nuestro entorno y todo lo que engloba. No quiero dar a entender que soy contraria a lo que te voy a explicar, al revés, lo que pretendo es contar la verdad y ver cómo nace el mensaje de cosas totalmente cotidianas. Uno de los aspectos es la **religión**, sea cual sea; muchas de ellas se basan en el miedo, la represión, el pecado y/o castigo (ejemplo de ello sería la idea que relaciona hacer el mal e ir al infierno). Otro aspecto es el **moral**, lo que se supone o nos han contado que es lo correcto y lo incorrecto, o incluso lo que entendemos como tales bajo nuestras propias premisas. Otro, el **cultural**, y para explicarlo voy a ofrecer un ejemplo: en nuestro país la muerte se vive desde lo oscuro, el llanto, un final con despedida triste; en cambio, en otros países lo viven como una fiesta para honrar a la persona que ha fallecido. Pues bien, visto así, si una persona española quiere que su despedida sea según la cultura mejicana, sus familiares se podrían sentir culpables por no llevar a cabo el proceso cultural que vivimos en nuestro país. Otro, el **social**, cuando no se cumplen las normas de una comunidad, asociación o grupo formativo. Y por último, el aspecto **educativo**: si nos educan con unas premisas que después no cumplimos.

Por ejemplo, cuando somos niños nos dicen que no hablemos cuando un adulto habla, y esta idea entra en nuestra mente; es posible que cuando seamos nosotros los adultos tampoco hablemos porque tenemos la idea de que tenemos que callar cuando un adulto habla y si lo hacemos nos podemos sentir culpables por ello.

Entendiendo todo lo anterior, la acción inmediata al sentir dicha emoción es hacer lo que tengamos que hacer para no sentir el peso de la carga que nos aporta dicho error o fallo; por ello, tenemos que actuar y gestionar dicha emoción desde otro punto de vista: desde la autoobservación, aceptación y transformación. Se consideraría como un acto de humildad en nosotros contarnos la verdad desde un punto de vista más objetivo, también el reconocer nuestra equivocación y, desde ese sentir, poderlo corregir.

Por todo ello, la culpa solo se puede sanar con observación, reconocimiento, aceptación y cambiando lo que sea necesario para sentirnos más en armonía con nosotros mismos y no cargar con nuestros errores. ¿Continúas viéndola como una emoción negativa? Visto lo visto, tiene más de positivo que de negativo, solo hay que conocerla y entenderla para poderla tener como una aliada para el aprendizaje, el progreso y la evolución en nuestra vida.

Lo que realmente es negativo de lo que hemos visto hasta ahora es nuestra forma distorsionada de verlo, simplemente porque nosotros lo vivimos de forma desagradable o nos hacen sentir mal. Saber ver a través y detrás de nuestras circunstancias nos permite reconocer un valioso aprendizaje que lo único que nos puede aportar son resultados positivos, ya que nos consiente crecer como personas y ser de cada vez una mejor versión de nosotros mismos, lo que nos lleva a nuestra verdad, a nuestro yo más verdadero.

Por todo ello es importante entender, aprender y gestionar nuestras emociones, porque nacen por algo; si las ignoramos, estamos perdiendo una gran oportunidad de descubrir todo lo que nos pueden aportar.

Llegados a este punto, me gustaría explicarte el cuarto gran principio hermético: la **ley de la polaridad** o, más comúnmente conocida, la **ley de los opuestos.** Dice así: «Todo es dual; todo tiene polos; todo, su par de opuestos; los semejantes y distintos son los mismos; los opuestos son idénticos en naturaleza, difiriendo solo en grado; los extremos se tocan; todas las verdades son semiverdades, todas las paradojas pueden reconciliarse». *El Kybalión*.

Veamos la parte más práctica y visible de esta ley: no existiría la luz sin la oscuridad, igual que no existiría lo bueno sin lo malo, no existiría la dificultad sin la facilidad, no existiría la noche sin el día ni lo positivo sin lo negativo. El yin y el yang. El blanco y el negro. Siempre se ha dicho que los polos opuestos se atraen, y en realidad no es que sea atracción, simplemente es que no podría existir el uno sin el otro. Buda decía: «Camina por el camino del medio», entre la luz y la sombra.

Por ello no hay emociones positivas ni negativas, sino emociones que se viven de forma agradable y placentera o desagradable e inquietante. Necesitamos ver los dos polos de las emociones para ver las partes en su totalidad, para contrarrestar lo que sentimos y así aprender de ello. Si todas las emociones las viviéramos de forma apacible, no sabríamos apreciar la lección de «lo desagradable», y aquí está el quid de la cuestión en la gestión emocional. Necesitamos transitar por las emociones que no nos gusta sentir para poder disfrutar de las que sí nos gusta tener en nuestra vida y de la tranquilidad que proporcionan. Por todo ello, puedo afirmar que TODAS las emociones son POSITIVAS, solo hay que verlas con ojos de aprendizaje, superación y aceptación.

También quiero recordar lo que hemos visto en la primera capa: entender nuestra interpretación emocional es básico para saber cómo nos hacen actuar y reaccionar nuestras emociones; por ello, es esencial que nos pongamos los cristales transparentes para ver, sin ningún filtro que puede interferir, para que veamos la realidad sin difuminados, sin apegarnos a dicha interpretación emocional.

¿A que no es lo mismo que un ser querido —papá, mamá o la pareja— nos diga algo que nos duela a que nos lo diga un vecino de nuestra localidad a quien no conocemos? No. Según el lazo emocional que tengamos con las personas, lo que sentimos emocionalmente gana intensidad. Por ello, es importante salir de esta zona de afectación y poder ver las circunstancias de una forma más objetiva, para que dicha intensidad con el apego emocional no se convierta en una jugarreta mal interpretada o intencionada. Y para ello tenemos que CONTARNOS LA VERDAD, venga de quien venga.

Como puedes observar, existen muchos cables sueltos aleatorios que pueden hacer que nuestras emociones tomen un aire u otro y que desembocan en nuestra gestión emocional y cómo las vivimos. Dependiendo de cómo las transitemos, o como respondamos ante ellas, así será el resultado que nos aporten dentro y fuera de nosotros.

La gestión emocional es importante ya que nos afecta directamente en nuestra salud física y mental, puesto que muchas emociones reprimidas o mal gestionadas puede ser el origen de muchas enfermedades en diferentes ámbitos: desde algún órgano en concreto de nuestro organismo, pasando por alergias, enfermedades de la piel o incluso ansiedad o depresiones, a migrañas, sensación de insatisfacción o frustración o baja autoestima y un larguísimo etcétera.

Después de más de diez años en el crecimiento personal enfocado en la gestión emocional, he aprendido que, bajo mi punto de vista, entender y aprender de las emociones y los conflictos internos que conllevan es la base para tener el cuerpo y la mente en armonía, equilibrados y saludables.

Aunque más adelante te presento un apartado de herramientas para poder aplicar todo lo que te explico a lo largo de todo el proceso de Sanación SIC, quiero compartir los puntos fundamentales para poder llevar una buena gestión emocional.

CLAVES DE UNA CORRECTA GESTIÓN EMOCIONAL

1. *Conocer las emociones para poderlas entender.*
2. *Reconocer, observar cómo nos identificamos con ellas y cómo se manifiestan en nuestro sentir y formas de reaccionar o actuar.*
3. *Aceptar, rendirnos al hecho de que forman parte de nosotros y nuestra vida*
4. *Aprender todo aquello que han venido a mostrarnos ya que, como hemos visto, son adaptativas, o lo que es lo mismo, llevan un mensaje constructivo para nuestra vida: ver la parte positiva de las emociones para extraer su lección.*
5. *Transformar, para cambiar la forma de sentir las emociones y así poderlas gestionar de una forma totalmente saludable; esta es la parte donde tenemos que actuar, porque un aprendizaje sin acción es como tener un libro en una estantería sin leer: se acumula el polvo, ocupa espacio y no nos aporta nada.*

Dicho lo dicho, y antes de acabar con este apartado, voy a tirar unas preguntas al aire para tu runrún mental: ¿cuánto tiempo al día dedicas a hacer cosas para los demás? (pareja, hijos, compañeros o amistades). ¿Cuánto tiempo al día dedicas a hacer tus obligaciones diarias? (hacer la comida, tender la ropa, ir a comprar...). ¿Cuánto tiempo dedicas a tus emociones?

Si eres de los que ha respondido esta pregunta con un «mucho», «horas», o demás respuestas que muestran una implicación diaria con las emociones: ¡felicidades, tienes toda mi admiración!

Por lo general, si analizamos nuestro día a día, invertimos gran parte de nuestro tiempo, de nuestra vida, a lo exterior, y a lo interior, lo que nos ayuda a ser lo que somos, que nos influye de una forma tan activa y es lo más verdadero que podemos reconocer en nosotros, casi no le brindamos tiempo. Qué lástima, ¿verdad?

Puedes decirme que no tienes tiempo, que no tienes las herramientas, que realmente no te sucede nada para que tengas que prestarle atención, que estás tan inmerso con el piloto automático en tu vida que ya te va bien, que ya lo harás mañana... Quiero que veas que son excusas que te facilitan no entrar en tu sufrimiento o dolor interno, que es solo una escapatoria para no dejarte sentir lo que es más desagradable para ti.

Te invito a que te hagas esta pregunta de forma consciente para que puedas hacer un clic mental y que, a partir de esta lectura, puedas regalar unos minutos al día (como ves, no te pido mucho) a lo que realmente es importante: TÚ.

REFLEXIÓN FINAL

Con la respiración, el aire entra y sale y no lo vemos, no somos conscientes de que constantemente en nuestra vida, durante las 24 horas del día, estamos respirando y de que gracias a ese aire que respiramos estamos vivos. Con las emociones es exactamente lo mismo: aunque existen, no las vemos, pero son muy importantes para entender lo que hacemos y cómo lo hacemos, ya que alimentan nuestras acciones y reacciones, los pensamientos, ciertos comportamientos donde tenemos que desarrollar nuestra fuerza interior, el reflejo del amor que tenemos hacia nosotros mismos (autoestima), y muchas veces, incluso, acaban provocando ciertas somatizaciones corporales en forma de enfermedades, tanto físicas como mentales.

QUINTA CAPA: LAS HERIDAS DE INFANCIA *(parte emocional)*

Quinta matrioska, el origen. El niño interior

• • • • •

En el núcleo de todo el proceso, encontramos lo más profundo, lo más interno y muchas veces también lo más difícil a lo que acceder, y a la vez lo más importante para nuestra sanación. Se trata del punto detonador de por qué somos como somos y todos nuestros procesos internos bailan al ritmo al que estos hilos invisibles dominan todas y cada una de nuestras facetas, tanto internas como externas.

Para explicar el concepto desde el principio, voy a plantearte una pregunta: ¿alguna vez te ha ocurrido estar en cualquiera situación y tu reacción ha sido desorbitada o poco frecuente en ti? Que al alejarte de dicha situación o al llegar a tu casa te preguntaras: «¿Qué me ha pasado? Yo no soy así, ¿por qué he reaccionado de esta forma o he dicho lo que he dicho? ¿Qué me ha pasado?».

Si tu respuesta a estas cuestiones ha sido afirmativa, te felicito: ya conoces qué hacen las heridas de infancia en nosotros cuando respondemos o reaccionamos de una forma en que no somos o con la que no nos vemos identificados.

Me gustaría señalar que cuando hablamos de heridas de infancia no nos referimos a las rodillas con peladuras, o a todas esas magulladuras que nos hacíamos cuando éramos niños, ni tampoco tiene por qué tratarse de una infancia traumática con sucesos nefastos o familias desestructuradas. Las heridas de infancia, como vamos a ver, van mucho más allá y están presentes en todos los seres humanos.

Cuando se originan las heridas, formamos a nuestro alrededor una coraza protectora en nosotros mismos, y eso hace que construyamos un muro que hace de barrera entre la imagen que damos al exterior y el cómo vivimos en nuestro mundo interior, escondiendo nuestra verdadera forma de ser en las profundidades más internas de nuestro ser, hasta tal punto, que nos podemos llegar a olvidar de la esencia más pura que traíamos en el momento de nacer.

En consecuencia, ese muro divisorio es el origen de muchos de nuestros conflictos internos, o lo que es lo mismo, lo que separa lo que queremos y lo que hacemos en realidad, lo que sentimos y lo que pensamos, cómo actuamos y cómo quisiéramos actuar, lo consciente y lo inconsciente, la mente y el corazón, y un largo etcétera que se esconde creando unas resistencias, como hemos dicho, entre lo que vivimos de piel hacia fuera y cómo lo vivimos de piel hacia dentro.

Para saber quiénes somos en realidad, tenemos que tratar de conocer y descubrir las heridas de infancia que forman parte de nosotros. Para ello voy a empezar presentándote cinco escenarios diferentes, con características distintas, de tipos de caracteres que podemos encontrar, y así empezar a familiarizarnos con algunos conceptos.

ESCENARIO 1

- Personas incapaces de enfrentarse a la vida y sus circunstancias.
- Creen que no valen nada o que su vida no tiene sentido.
- Les gusta la soledad y quedarse al margen.
- Tienden a tener una autoestima baja, ligada a una falta de seguridad y confianza en ellos mismos.
- Se suelen sentir incomprendidos a todos los niveles.
- Creen que la felicidad no existe o dura poco.
- Les gusta pasar desapercibidos, y por ello hablan poco o visten de oscuro.
- Tienen dificultades sexuales.
- Su posición normal y cómoda cuando se sientan en una silla es hacerse pequeños o estando acurrucados.

ESCENARIO 2

- Personas que piensan que las cosas siempre son difíciles.
- Necesitan de otras personas para cualquier circunstancia de su vida.
- Personas que varían su personalidad, manera de pensar o de hacer según quién tengan al lado o a quién quieran gustar.

- De forma consciente o inconsciente pueden manipular a los demás o las circunstancias para conseguir aquello que desean.
- Celos y rencor pueden estar muy presentes.
- Personas que se quejan y critican a menudo.
- Una de sus mejores armas es el victimismo.
- Buscan la atención de los demás constantemente.
- Personas de fácil llorar.
- Tendencias hipocondríacas, sean reales o imaginarias.

ESCENARIO 3

- Personas a quienes cuesta mantener su peso ideal.
- No se sienten libres y con tiempo disponible.
- No se creen merecedores.
- Tendencia a tragar y callar en cualquier situación.
- Les cuesta decir «No»; de hecho, el «Sí» va por delante, muchas veces sin saber tan siquiera el motivo de lo que se les demanda.
- Personas que tienden a encargarse de todo, con lo que la responsabilidad y la culpa recaen en ellos (sean de ellos mismos o de los demás).
- Suelen ser vergonzosas.
- Al no saber decir «No», tampoco saben poner límites, y por ello pueden ser víctimas de abusos físicos, sexuales, mentales o emocionales.
- Tienden a autocastigarse, sea de la forma en que sea.

ESCENARIO 4

- Personas con necesidad de sentirse fuertes físicamente.
- Creen que lo hacen todo y nadie les apoya.
- Sienten ser ignorados y/o abandonados.
- Viven desde el estrés.

- Personas celosas y perseguidoras de personas.
- Muy críticos, llegando muchas veces a ser destructores de autoestima.
- Pueden imponer su voluntad para convencer.
- Quieren captar la atención de los demás.
- Personas exigentes y mentirosas si la ocasión lo requiere.
- No les gustan las sorpresas ni los imprevistos.
- Desconfían de todo y de todos.

ESCENARIO 5

- Personas que creen que pueden aleccionar a los demás.
- Grandes luchadores para tener los resultados que desean o esperan.
- Gran nivel de exigencia y autoexigencia, crítica y autocrítica.
- Se esfuerzan a todos los niveles para ser buenos, hacer lo correcto, ser aceptados y respetados.
- Se pueden enfadar por «lo injusto que es todo».
- Grandes perfeccionistas en el ser y el hacer.
- Muy duros con su cuerpo y aspecto.
- Priorizan la mente antes que el corazón, prefieren el conocimiento antes que el sentimiento.
- Muy estrictos tanto a nivel físico como comportamental.

Puede ser que te hayas visto muy reflejado en alguno de estos escenarios, habiendo visto perfectamente descritos los rasgos de tu personalidad. También ha podido pasar que te hayas podido ver reflejado un poco en cada uno de ellos, teniendo así una mezcla de todos. Las dos opciones son correctas, e irán acordes según sean tus heridas de infancia o su intensidad.

Las características mostradas en los escenarios son respuestas a las heridas de infancia. Muchas veces caemos en el error de pensar que en realidad son aspectos de nuestra personalidad, creyendo que somos así sin más. La noticia reside en saber que, al ser respuestas a las heridas, hemos ido construyendo estos patrones, pero no somos así realmente, al menos no desde nuestra esencia. Desde muy pequeños nos hemos ido acostumbrando a compensar estas heridas, es decir, a incorporar todas estas respuestas a nuestro comportamiento más natural y normal para nosotros, sin darnos cuenta de que en realidad son reacciones de algo que está fuera de nuestro control, de momento. Y en esto consiste el trabajo de sanar las heridas, ver quién se oculta detrás de estas respuestas automáticas para descubrir quiénes somos sin que ellas nos condicionen.

A todo ello quiero añadir información adicional. ¿A quién le ha dado por pensar que tenía mala pata porque siempre le pasa lo mismo o atrae al mismo tipo de personas? ¿Quién piensa que vive con el piloto automático, obedeciendo lo que los demás nos dicen que tenemos que hacer, o yendo al son de la vida? ¿Quién cree que le cuesta conectar con las personas del mismo sexo, o las del sexo contrario, pensando que simplemente es porque nos llevamos peor o mejor? Y con uno mismo, ¿quién cree que tiene conflictos consigo que, incluso, le hacen dudar quién es o por qué se comporta de una forma determinada, o no gustarle su vida o su entorno?

Darse cuenta de la importancia que tiene conocernos en profundidad es esencial para nuestra vida y para vivirla de la forma en que **solo** nosotros queremos hacerlo.

Las heridas de infancia son y se originan como un sistema de protección. Ahora la pregunta es: ¿de qué nos protegen? Aquí está el quid de la cuestión. Necesitamos entender este concepto para poder entender el origen de las heridas de infancia.

Independientemente de cuál sea tu ideología (si crees o no en la reencarnación), estarás de acuerdo conmigo en que somos un **ser** (el **yo**), que desde el momento en que estamos en el vientre materno empieza a tener una chispa de vida; por ello, el movimiento dentro del intrauterino es activo, nos alimentamos y respiramos a través del cordón umbilical de mamá además de que empezamos a conectar y a sentir a través de ella y de su entorno. De forma consciente o inconsciente, antes y después de nacer, a medida que vamos creciendo conectamos con las emociones, las que nos hacen sentir bien y nos permiten estar tranquilos y felices, y las que vivimos de forma más desagradable, que nos alteran y dañan, y nos disgustan por cómo nos hacen sentir. Este es el momento en que se crean las heridas de infancia, sintiendo emociones limitantes o desagradables: con ellas se crea una capa de vulnerabilidad, aquella grieta en nuestro ser que hace que ciertas cosas externas nos dañen, y así empezamos a sentir dolor interno. ¿A quién le gusta sentir dolor? A nadie. Por ello, creamos un sistema de reacción en nosotros para dejar de sentir ese dolor interno producido por ciertas emociones que vivimos de forma desagradable (originadas por personas o circunstancias de nuestro entorno, aunque las emociones que sentimos son nuestras y solo nuestras), y así nace una capa de protección que envuelve la capa de vulnerabilidad. En esta capa más externa es donde surgen los personajes y las máscaras que escudan las grietas emocionales y hacen que adoptemos ciertas características de nuestra personalidad, creyendo que somos así, cuando en realidad estamos protegiendo nuestro dolor interno.

Por ello, es importante destapar todas estas capas que nos protegen (aunque me gusta más decir que «falsamente protegen») para poder entender mejor nuestras acciones y reacciones en la vida, reconocer las emociones y nuestras heridas para así poder llegar a nuestro ser más verdadero y original, sin limitaciones ni condicionantes.

Las heridas de infancia se originan durante los primeros siete u ocho primeros años de vida (incluyendo el tiempo de nuestra gestación, o sea, el embarazo). Durante este tiempo gran parte de lo que vivimos y de cómo lo vivimos es con las personas que más activamente están en nuestra vida: papá y mamá. Por ello, son las dos personas más importantes de nuestro desarrollo, porque pasan a ser nuestras referencias y ejemplos de vida. Y con todo ello quiero aclarar una cosa muy importante para entender las heridas: no es lo que nos pasa, no es lo que los demás nos hacen o dicen, es el **cómo lo vivimos** nosotros, ahí es donde se originan los filtros que crean y alimentan tanto las heridas como las emociones. Por ejemplo: si mamá me abraza una vez al día y yo no le doy importancia al concepto de abrazar, recibiré bien este abrazo y no se originará ningún sistema de protección ante esta circunstancia, la de que mamá me abraza una vez al día. Ahora te pregunto: ¿qué pasaría si mamá me abraza una vez al día y yo quiero que me abrace cinco veces al día? Automáticamente nacerá en mí un sentimiento de carencia de afecto, de que mamá no me ama, emociones como la tristeza o la decepción, de no ser querida, o de rechazo o soledad. Con ello el sistema de reacción será fingir no querer más abrazos, no necesitarlos, incluso aislarme o rechazar a mamá (y cuidado, muchas veces sin ser conscientes de todo el proceso). O todo lo contrario, buscar abrazos o atención en todo momento en cualquier persona más o menos cercana. Por eso es importante saber no lo que nos hacen o no nos hacen, sino el cómo lo interpretamos, sentimos o vivimos nosotros, porque es el punto de partida de ciertos desencadenantes como las heridas, emociones, pensamientos, reacciones y demás.

Así pues, ahora puedes entender que las heridas de infancia se originan en cómo vivimos ciertas circunstancias con mamá y papá durante los primeros siete años de vida. Más concretamente, de las cinco heridas de infancia que existen tres se originan con mamá o la persona que desarrolle este rol y dos con papá o la persona que desarrolle este rol. Por este motivo, y según lo que has visto antes, puede que te identifiques con varias de ellas o incluso con todas, porque de una forma u otra las vivimos de la mano de nuestros dos progenitores. Por este motivo, todos los seres humanos tenemos heridas de infancia, sencillamente porque tenemos padres (o ausencia de ellos) y porque, al igual que las emociones, forman parte de nosotros y nuestra forma de vivir, aprender y crecer como seres humanos.

¿Cuántas veces has escuchado frases como...?

- Ahora no puedo.
- No tengo tiempo.
- Tengo que trabajar.
- Estoy haciendo la comida.
- No seas así o asá.
- Cállate.
- Siéntate bien.
- Los niños/as buenos/as... son... o no hacen...
- Cuidado con la imagen que das.
- No puedes fiarte ni de tu sombra.

Y la verdad es que podríamos poner un sinfín de frases que en algún momento de nuestra vida nos han coartado, condicionado o nos han hecho sentir de una forma desagradable, originando cada una de ellas algo concreto; por ello, nuestros sistemas de defensa se basan en lo que hemos mal sentido para protegernos y así intentar que, de una forma u otra, no volvamos a experimentar ese dolor interno.

Por último, y antes de empezar a entrar plenamente en esta última capa de la Sanación SIC, la de las heridas de infancia, también me gustaría que comprendieras que todos los conceptos que estamos viendo y veremos no tratan de cómo las entiendes ahora con tu mente adulta, sino de cómo las viviste cuando eras niño o niña. Tu mente adulta ahora puede entender ciertas cosas que tu niño interno no entendía; por ello, como el dolor interno está creado desde que éramos niños, te pido que abras tu entendimiento a ese momento en que se originaron las heridas, que dejes a un lado tu percepción adulta o más madura y entiendas cómo en un momento dado, como niño o niña, penetró sin filtros todo ello en tu interior, originando todas esas capas que te han llevado a este momento: lo que eres como adulto.

Este es el motivo por el que cuando, por ejemplo, nos sentimos rechazados a una edad muy temprana, formando una herida profunda, intentamos a toda costa armar todos nuestros sistemas de defensa para no volver a sentir ese dolor en el futuro, nos autoprotegemos para que no nos vuelvan a dañar. Y con ello entenderás que en cada persona concurren unas circunstancias distintas de la mano de personas diferentes, y por este motivo debemos respetar las heridas de nuestro entorno; que lo que para nosotros es una tontería para otra persona es importante, y que cada uno compensa ese dolor como puede, con las herramientas y la realidad de que dispone. Por ejemplo, si cuando era pequeña no me gustaba quedarme sola y en alguna ocasión me entró miedo por estar sola o me sentí abandonada, cuando desarrolle las características de mi personalidad intentaré tener siempre a personas a mi alrededor, captar su atención para hacer notar que estoy allí o cualquier otro sistema al que pueda recurrir para evitar sentirme sola de nuevo en el futuro.

Una vez comprendido el origen de las heridas de infancia, que son capas invisibles de dolor que producen sensaciones que nos desequilibran emocionalmente, surgidas mediante la interpretación emocional de lo que nos ha sucedido, y que automáticamente creamos corazas compensatorias para protegernos y que nadie descubra nuestras heridas a través de las máscaras, veamos una a una cada una de ellas. Vamos a quitar el telón de los cinco escenarios que anteriormente te he presentado para poder poner nombre y apellidos a todas ellas y así conocerlas y reconocerlas en nosotros.

La herida del **RECHAZO** es la primera que se adquiere. Esta se origina de la mano del progenitor del mismo sexo o la persona que realiza este rol. Cuando el rechazo se manifiesta, al individuo le invade la creencia de que no tiene derecho a existir; por ello, algunas de las consecuencias a nivel mental son pensar que no ocupa el lugar que le corresponde en la vida, sentirse desubicado, no saber qué hacer con su vida, dónde se encuentra o incluso pensar que su vida no le pertenece.

Un ejemplo de personas con esta herida de forma predominante sería cuando los padres esperaban niño y nació niña, un embarazo no deseado, cuando al saber que mamá estaba embarazada no era el mejor momento económico o familiar, etc.

Este es el motivo por el que la persona rechazada busca vías de escape como: un mundo paralelo, la espiritualidad (bajo mi punto de vista, una falsa espiritualidad si se hace para huir de uno mismo), la religión, las drogas, las series y/o películas, u otras adicciones evasivas varias.

El cuerpo es el reflejo de esta máscara huidiza, ya que el de la persona rechazada suele ser estrecho, alargado, delgado, con la mirada perdida, y cuando se le habla, suele mirar hacia arriba. Pretender huir de su propia vida a través de su cuerpo, su mente y todos sus comportamientos es su sistema de autodefensa para evitar exponerse a volver a sentirse rechazado. Se trata una persona a la que le gusta pasar desapercibida, incluso ser invisible, normalmente a su alrededor no se dan cuenta de que existe, y vestir de negro o tonalidades oscuras es parte de su camuflaje.

Su mayor temor es el pánico, se sienten incapaces de enfrentar la vida y prefieren rechazar o rechazarse que volver a sentir el dolor de ser rechazados.

Si te vuelvo a exponer las características del primer escenario, las que te he comentado anteriormente, ahora toman todo su sentido como sistema de defensa y reacción a través de la misma herida. Veámoslo:

- Personas incapaces de enfrentarse a la vida y sus circunstancias.
- Creen que no valen nada o que su vida no tiene sentido.
- Les gusta la soledad y quedarse al margen.
- Tienden a tener una autoestima baja, ligada a una falta de seguridad y confianza en ellos mismos.
- Se suelen sentir incomprendidos a todos los niveles.
- Creen que la felicidad no existe o dura poco.
- Les gusta pasar desapercibidos, y por ello hablan poco o visten de oscuro.
- Tienen dificultades sexuales.
- Su posición normal y cómoda cuando se sientan en una silla es hacerse pequeños o estando acurrucados.

La herida del **ABANDONO** es la segunda en producirse, ya que surge entre el primer y el tercer año de vida. Se origina de la mano del progenitor de sexo opuesto o de la persona que realiza este rol. El abandonado, o la persona que tiene esta herida de una forma predominante, tiene una carencia afectiva o no siente tener un tipo de afecto en concreto, que desea. Esta herida es la que también se relaciona con las personas que no recibieron leche materna, pues carecen de este alimento en todos los sentidos (no solo el alimento físico de mamá, sino también el emocional que se crea y une a mamá y al bebé en el momento de lactar).

Su peor miedo es la soledad; su mente le lleva a creer que si está solo carecerá de afecto, y por ello crea varios sistemas de defensa para evitar estar solo. Por ejemplo: el victimismo, llamar la atención de cualquier forma posible, buscando la aceptación y la validación constante de su entorno, o incluso, fusionarse con la personalidad o preferencias de las personas de su entorno siendo lo que se espera de él. Entiendo «fusionarse» como el cambiar de chaqueta según sea la preferencia. Me explico: estoy con una persona *hippie*, me hago *hippie*; al cabo de un tiempo estoy con una persona a la que le gusta el rock, escucho rock y me visto y comporto como tal, sin ninguna razón aparente y sin plantearme si en realidad me gusta o no. Esta es una de las herramientas que utilizamos bajo el influjo del abandono porque así nos aseguramos que la persona que tenemos a nuestro lado no nos va a abandonar.

Por ello, por el miedo a volver ser abandonados y que relacionamos con la soledad, nuestra máscara protectora es la dependencia. Son personas que se apegan a lo vivo y a lo muerto, a las personas, los objetos, las emociones o las circunstancias, cualquier apego es bueno para cubrir esa falta esencial originada por la herida.

El cuerpo del abandonado indica esta petición constante de afecto, pues tiene el cuello hacia delante, cuerpo delgado, largo, sin tono muscular, demostrando debilidad corporal y con una posición de poca autoridad y seguridad. Son personas que siempre necesitan un punto de apoyo: una pared, un reposabrazos, un hombro en que reclinarse... porque su mente alberga el mensaje de que por sí solas no pueden abastecerse, y necesitan de un pilar externo para ganar seguridad y confianza.

Existen dos aspectos que predominan en su carácter: la tristeza, son personas tristes con tendencia a ser lloronas incluso sin ninguna razón aparente; y el victimismo, si despiertan la compasión en su entorno se aseguran que estén allí, a su lado. Además, son personas manipuladoras, de forma consciente o inconsciente, para conseguir sus deseos y cubrir sus carencias afectivas; rencorosas, celosas, irascibles y se enfadan con facilidad.

Si te vuelvo a exponer las características del segundo escenario, las que te he comentado anteriormente, ahora toman todo su sentido como sistema de defensa y reacción a través de la misma herida. Veámoslo:

- Personas que piensan que las cosas siempre son difíciles.
- Necesitan de otras personas para cualquier circunstancia de su vida.
- Personas que varían su personalidad, manera de pensar o de hacer según quién tengan al lado o a quién quieran gustar.
- De forma consciente o inconsciente pueden manipular a los demás o las circunstancias para conseguir aquello que desean.
- Celos y rencor pueden estar muy presentes.
- Personas que se quejan y critican a menudo.
- Una de sus mejores armas es el victimismo.
- Buscan la atención de los demás constantemente.
- Personas de fácil llorar.
- Tendencias hipocondríacas, sean reales o imaginarias.

La **HUMILLACIÓN** nace siempre de la mano de mamá, o la persona que realiza este papel femenino o que reprime toda clase de placer físico y se ocupa del desarrollo físico y sexual del niño. La herida se origina también entre el primer y el tercer año de vida, ligado a la etapa en que empezamos a experimentar nuestra individualidad: empezamos a ir al baño a hacer nuestras necesidades, queremos comer solos, aprendemos que podemos jugar sin que papá o mamá estén allí con nosotros, empezamos a percibir nuestros genitales y el placer o la rareza que nos puedan proporcionar... ¿Cuántas veces no hemos oído aquello de...?

- Cochino, esto no se toca.
- Siempre te ensucias.
- Siéntate bien.
- Cuando los adultos hablan, los niños se callan.
- Los niños guapos no se hacen pipí encima.

- Siempre dejas la mesa sucia.
- Siempre vas sucio.
- Etc.

Por todo ello, la persona humillada tiene una carencia de libertad, el sentimiento de que le han cortado las alas, de inferioridad y de no ser digno de los placeres de la vida. Esta herida se relaciona principalmente con el cargar y tragar con todo antes que discutir o enfadarse, todo lo de uno y lo de los demás; la persona está dispuesta a castigarse a sí misma para complacer a su entorno. Son personas cargadas emocionalmente, sin conocer ni sentir la soltura correspondiente para poderse expresar con libertad.

Estos son algunos de los síntomas que a nivel corporal vemos reflejados debido a esta herida: son personas que necesitan un «chasis» físico para poder almacenar toda esta carga emocional, así que padecen sobrepeso, o les cuesta mantener su forma más delgada, y son de baja estatura y espalda ancha. Además, la ansiedad que les provoca su emocionalidad la pagan comiendo, especialmente cierto tipo de alimentos, lo cual, una vez más, es una forma de castigarse a sí mismas.

Su máscara protectora es el masoquismo y su peor miedo la libertad, tanto emocional como mental. Este carácter se relaciona claramente con la vergüenza: no saben ni quieren poner límites en lo que les puede dañar, primero atienden las necesidades de los demás que las suyas propias, tienen creencias limitantes, como la baja autoestima, son complacientes y con alma de misioneros y, por último, se autocastigan, ya que prefieren humillarse a sí mismos antes que sentir otra vez el dolor de ser humillados.

Si te vuelvo a exponer las características del tercer escenario, las que te he comentado anteriormente, ahora toman todo su sentido como sistema de defensa y reacción a través de la misma herida. Veámoslo:

- Personas a quienes cuesta mantener su peso ideal.
- No se sienten libres y con tiempo disponible.
- No se creen merecedores.
- Tendencia a tragar y callar en cualquier situación.
- Les cuesta decir «No»; de hecho, el «Sí» va por delante, muchas veces sin saber tan siquiera el motivo de lo que se les demanda.

- Personas que tienden a encargarse de todo, con lo que la responsabilidad y la culpa recaen en ellos (sean de ellos mismos o de los demás).
- Suelen ser vergonzosas.
- Al no saber decir «No», tampoco saben poner límites, y por ello pueden ser víctimas de abusos físicos, sexuales, mentales o emocionales.
- Tienden a autocastigarse, sea de la forma en que sea.

La herida de la **TRAICIÓN** surge de la mano del progenitor del sexo opuesto o de la figura que desempeñe este rol. Esta herida surge entre los dos y los cuatro años de edad y está muy ligada al complejo de Edipo de Sigmund Freud, ya que es el reflejo de unas expectativas de enamoramiento no cubiertas por el progenitor del sexo contrario. Ese amor no correspondido el niño lo siente como una traición, que es la que genera la herida.

¿Cómo se refleja esta herida? Con falta de confianza en uno mismo o con la de conexión con su entorno. Lo fácil es acudir a la manipulación de los acontecimientos o ir dos pasos por delante para no dejar nada al azar, ya que de lo contrario sería totalmente vulnerable a las sorpresas que pueden surgir, entendiendo que dichas sorpresas pueden ser desagradables y causa de decepción o de traición.

Así pues, la máscara del traicionado es el control, y su peor miedo es la disociación, la separación o la negación, para tener ese control sobre sí mismo, sobre los demás y su entorno y poderse defender en un momento dado. Este afán de control también desarrolla ciertas características importantes en la herida, como ser altamente organizadores y planificadores. Se trata de personas que pueden llegar diez minutos antes a sus citas para controlar el espacio, a qué hora llega la persona con que se habían citado, etc. No pueden soltar ni soltarse, ya que ello supondría una grieta de vulnerabilidad en dicho control, o ser susceptibles de volver a ser traicionados. Todas estas particularidades de este carácter les llevan a estar siempre en tensión y estrés.

Causa de todo ello es la idea de sentirse fuertes físicamente para estar preparados para lo que pueda venir. Por ello, tienen la necesidad de desarrollarse mucho a nivel corporal: en los hombres con la parte superior del cuerpo desarrollada y musculosa, formando un triángulo, y con la parte inferior del cuerpo más delgada, y en las mujeres con caderas anchas y cuerpo en forma de pera, ya que en el cuerpo femenino la fuerza radica en el útero.

Una vez más, si te vuelvo a exponer las características del cuarto escenario, las que te he comentado anteriormente, ahora toman todo su sentido como sistema de defensa y reacción a través de la misma herida. Veámoslo:

- Personas con necesidad de sentirse fuertes físicamente
- Creen que lo hacen todo y nadie les apoya
- Sienten ser ignorados y/o abandonados
- Viven desde el estrés
- Personas celosas y perseguidoras de personas
- Muy críticos, llegando muchas veces a ser destructores de autoestima
- Pueden imponer su voluntad para convencer
- Quieren captar la atención de los demás
- Personas exigentes y mentirosas si la ocasión lo requiere
- No les gustan las sorpresas ni los imprevistos
- Desconfían de todo y de todos.

Y por último, nos encontramos la herida de la **INJUSTICIA**, que se desarrolla desde los cuatro o cinco hasta los siete años, de la mano del progenitor del mismo sexo o de la persona que cumple ese papel. Se origina a causa de sufrir frialdad por parte del progenitor, lo que le lleva a no poder expresarse, sentir ni ser él mismo para que no lo traten de forma injusta.

Para rebajar esa frialdad, tiene la necesidad de ser la estrella y ser perfecto, de modo que nadie pueda juzgarlo, y así, lo puedan aceptar. Esto le lleva a la individualidad, a bloquearse y centrarse en sí mismo, siendo una persona que crea en su entorno como un muro protector para esconder su vulnerabilidad emocional y dar una imagen de ser poco afectuosa y estar a la defensiva, para no mostrar ni que le muestren ningún tipo de afecto. Para la persona que siente injusticia, todo resultado tiene que ser fruto de un esfuerzo, y debe sentirse merecedora.

Esta herida lleva a este tipo de personas a tener un vínculo especial con lo correcto, lo bueno, lo justo. Por ello suelen ser personas que desarrollan sus cualidades desde esta vertiente llevándolas al campo de la profesión (abogados o jueces, por ejemplo) o solidaridad (como miembros de ONG o voluntariados).

Para cumplir su cometido, tienen la protección de la máscara rígida, con un cuerpo y una imagen completamente perfectos para que nadie les pueda juzgar ni etiquetar. A parte de en su cuerpo, también se ve reflejado en el orden, la planificación, su lenguaje, la forma de relacionarse y todo lo que les lleva a «lo correcto» o «lo perfecto» en todos los campos de su vida.

Esta rigidez que desprenden bajo el manto de la perfección y la corrección, de forma totalmente inconsciente, causa su mayor miedo: la frialdad. No la frialdad en ellos mismos, ya que con su rigidez la esconden perfectamente, sino la frialdad que los demás tengan hacia su persona, ya que para ellos ser aceptados y respetados por los demás es muy importante.

Y por último, si te vuelvo a exponer las características del quinto escenario, las que te he comentado anteriormente, ahora toman todo su sentido como sistema de defensa y reacción a través de la misma herida. Veámoslo:

- Personas que creen que pueden aleccionar a los demás
- Grandes luchadores para tener los resultados que desean o esperan
- Gran nivel de exigencia y autoexigencia, crítica y autocrítica
- Se esfuerzan a todos los niveles para ser buenos, hacer lo correcto, ser aceptados y respetados
- Se pueden enfadar por «lo injusto que es todo»
- Grandes perfeccionistas en el ser y el hacer
- Muy duros con su cuerpo y aspecto
- Priorizan la mente antes que el corazón, prefieren el conocimiento antes que el sentimiento
- Muy estrictos tanto a nivel físico como comportamental.

• • •

Sabiendo ahora todo lo que te he contado, puedes ver cómo hay aspectos de tu personalidad, de comportamientos o reacciones que hasta la fecha podías pensar que eran parte de tu carácter nato, respecto a los cuales ahora se te abre una nueva forma de verlos: respuestas a tus heridas de infancia. Por ello los situamos en la quinta capa, por ser los más originales y profundos, que desencadenan las cuatro capas anteriores.

Por consiguiente, las respuestas a las heridas, como has visto, son compensaciones que se disparan de una forma automática, para evitar volver a sentir el dolor interno que sufrimos cuando éramos niños. Desarrollamos estrategias protectoras que nos alejan de nuestro verdadero ser para esquivar nuestro dolor interno. Así que ahora te voy a hacer la pregunta más importante de todas: ¿personalidad o dolor interno?

Muchas veces me preguntan cómo proceder, si uno no se acuerda de su infancia, para poder identificar y gestionar las heridas de entonces. Quiero que sepas que nuestra mente elimina de la parte más consciente todo aquello que nos daña o crea dolor, como en la carpeta de reciclaje de un ordenador, lo pone en una capa menos visible para que no nos acordemos, aunque aquello sea real en nosotros y ahora se halle en el subconsciente para eliminarlo de lo más evidente. ¿Por qué? Porque nos hace pupita. Mi recomendación, si este es tu caso, es que, cuanto más olvidado tengas un recuerdo y estés o quieres estar en el camino de la sanación, hagas trabajos desde el subconsciente o apliques técnicas para recuperar la memoria, para desenterrar aquello que puede afectar a nivel físico, como pueden ser las somatizaciones corporales a través de alguna enfermedad, está en ti oculto y necesites reconocer. A veces, solo con tirar de un hilo puedes extraer mucha información, sin anclarte al pasado, recordar desde el presente para actuar en pro de la sanación y volar a partir de entonces en libertad.

Otras veces, ciertas personas también me comentan que sus heridas no son originadas en la infancia sino a lo largo de su vida. Por eso me gusta aclarar que hay una diferencia entre el origen de la herida y su manifestación. Cuando hablamos de mamá o papá y los siete primeros años de vida me estoy refiriendo al origen de la misma; ello quiere decir que durante unos años la herida puede haber quedado latente o dormida hasta que, a lo largo de nuestra vida, se ha presentado una persona que ha despertado el dolor de esa herida, y a partir de entonces hemos activado el botón de las máscaras y protecciones para no volver a sentir el dolor que padecimos en nuestra niñez.

Llegados a este punto, tengo dos noticias para ti:

- La primera es que puedes encajar en las características de una herida, de dos, de tres... o de todas las heridas, y ello sería correcto. Ya te he comentado anteriormente que todos los seres humanos tenemos heridas de infancia, y más probablemente podemos tener cuatro o cinco, ya que solo hay una herida que se salva de estar presente en todas las personas, y esta herida es la humillación. Del resto de las heridas, en mayor o menor medida, todos tenemos un poquito de ellas, y por ello, nos podemos ver reflejados en cuatro o incluso en las cinco.
- La segunda noticia es que, si no te has visto reflejado en ninguna de ellas, tendrás que ver cómo trabaja tu mente y tu subconsciente para boicotear esta parte tan cierta que existe en todas las personas. Quiero que sepas que la mente te está guiando hacia lo que quiere que reconozcas y lo que no, para evitar que lo veas o lo identifiques y así puedas creer que el tema de las heridas no va contigo, por el simple hecho de que está evitando que las reconozcas o las recuerdes. ¿Por qué? Porque nos hace pupita. Por eso te invito a que le des una vuelta a toda esta información para poder desaprender y volver aprender, o lo que es lo mismo, puedas reeducar tu mente para que no te manipule ni condicione.

Por ello, quien diga que se identifica con cuatro o cinco heridas de infancia está en lo cierto; quien no se identifica con ninguna de ellas o solo con una o dos tendrá que buscar más en las profundidades (o incluso hacer un buen trabajo con el ego), para extraer aquello que tiene tan oculto que no le deja ver su propia realidad.

Es importante conocer todo lo que hemos desmenuzado en las capas de la Sanación SIC para entender cómo todo está relacionado entre sí y nos afecta tanto a nivel físico, como mental, emocional y social. Para encontrar en todo ello la diferencia entre cómo somos o cómo creemos ser, es por este motivo fundamental tener el conocimiento y las herramientas para contarse la verdad, sin filtros, sin condicionantes, poder descubrir que realmente no somos o actuamos como realmente somos, sino que hay un miedo a no ser rechazados, abandonados, humillados, traicionados o injustamente tratados. Y todo este conjunto de conceptos sobre lo que somos o no somos en realidad origina un conflicto interno en nosotros que, llevado a nuestra vida, nos afecta de tres formas distintas:

1. **Nuestro propio bienestar interno:** porque en realidad, y aunque no lo creamos, no tenemos el más sano de los equilibrios ni alineación en nosotros, en quiénes somos y cómo respondemos en nuestra vida y entorno. Esta es el aspecto más importante que debéis cuidar y respetar.
2. **La proyección con nuestro entorno más vinculante:** para explicar este concepto te voy a poner el ejemplo más claro posible y que tú también has experimentado: la relación entre padres e hijos. Me gustaría pensar que a estas alturas del libro alguna vez te hayas podido plantear cómo las heridas de tus padres han podido afectar a la forma de criarte y a las posibles reacciones que afectaron a tus propias heridas. Si, además, eres papá o mamá, incluso te habrás planteado cómo ha sido la forma en la que los has criado o cómo te has relacionado con ellos, sintiéndote, quizás, un poco responsable de lo que has podido originar en sus propias heridas de infancia*. Con ello quiero que entiendas que todo lo que hemos visto hasta esta parte del libro no solo afecta a tu bienestar interno, sino que también es un reflejo de tu relación, comportamientos y reacciones con tus hijos. En este apartado entran en juego las personas más importantes de tu vida: los hijos, los padres o, incluso, la pareja, aquellas personas con quienes tengamos un vínculo más estrecho emocionalmente hablando.

* En este apartado me gustaría tranquilizarte. Si te has sentido así, has de saber que tus hijos te escogieron para el papel de madre o padre tal y como eras, para su propio aprendizaje y evolución. No puedes evitar que ellos tengan heridas de infancia, lo importante es que ahora, conociéndolo, puedes ayudarles a gestionar sus propias heridas, comprenderlos mejor y mejorar tu relación con ellos.

3. **La relación dentro de un colectivo:** compañeros de trabajo, amistades, el vecino de casa, el frutero o la sociedad en general. Todas aquellas malas reacciones, mal carácter, malas palabras, situaciones que no están bajo nuestro control ni comprensión... igual que nosotros tenemos nuestras heridas, cada una de estas personas, que forman un colectivo más o menos cercano a nuestro entorno, padecen lo mismo. Porque te recuerdo que todos los seres humanos tenemos heridas de infancia, y ello se refleja constantemente en nuestro día a día.

Podemos reconocer las heridas de infancia por el cuerpo físico, por el comportamiento, por el lenguaje, los gustos o preferencias, por la forma de comer, de andar o sentarse, por cómo se baila o se acude a una cita, por dar algún ejemplo entre una gran multitud de manifestaciones. Cada herida tiene unas características concretas que guían nuestras preferencias, gustos y deseos.

¿Te gustaría que te diera ejemplos concretos para diferenciar las heridas con todas las variantes que afectan a cada una de ellas? Vale, va, soy facilona, vamos allá.

EJEMPLO 1: LA FORMA DE COMER

- **Rechazo:** pueden padecer alteraciones en la alimentación (anorexia o bulimia), rechazar el alimento siempre que pueden e incluso dedicar poco tiempo, con ingestas rápidas; si pueden lo harán de pie, con pocas porciones, y preferirán comer en solitario.
- **Abandono:** cuando están solos comerán con normalidad; ahora, si están acompañados su tendencia será a comer muy poco a poco, pues así se aseguran tener compañía por más tiempo.
- **Humillación:** son personas que se aseguran de tener en los armarios siempre algo de comer para poder picotear todo el día, de comer rápido y en grandes cantidades. Después de las comidas se sienten culpables por haber comido. Les gustan las grasas.
- **Traición:** controlarán todo lo relacionado con sus comidas, cantidades, ingredientes, composición... pesarán y analizarán siempre que

puedan los alimentos. Además, controlarán dónde y con quién comen, y si lo hacen acompañados sabrán perfectamente qué y cómo come su acompañante. Tal vigilancia no será por si están bien o no, sino por tenerlo todo bajo control.

- **Injusticia:** tendrán preocupación por lo correcto, el peso y la planificación de los alimentos serán para no pasarse de la raya y tener una dieta perfectamente equilibrada y sana. En este campo, la alimentación de la injusticia puede llevar a ser propensos a ser vegetarianos o similares, para llevar la «justicia» a los animales.

EJEMPLO 2: LA FORMA DE TRABAJAR

- **Rechazo:** hablamos de aquellos compañeros de trabajo que, después de estar muchas horas trabajando, todavía no has notado que están allí. Realizan sus labores de forma perfecta, correcta y satisfactoriamente, aunque sus compañeros puedan llegar a pensar que el trabajo se ha realizado solo porque no ha mostrado ningún tipo de alteración o visibilidad en el ámbito profesional. Son los que pasan de puntillas, entregan lo que tienen que entregar, hacen lo que tengan que hacer, pero de una forma que no resalte y pasen totalmente desapercibidos.
- **Abandono:** son completamente contrarios a los rechazados, es decir, entrarán a lo grande, tendrán un tono de voz más elevado y harán todo lo necesario para que todos vean que están allí. En el aspecto laboral también se asegurarán de resaltar en sus estrategias y resultados. Para este tipo de carácter no es importante hacer el trabajo bien, sino sobresalir de cualquier forma posible.
- **Humillación:** vas a reconocer esta herida fácilmente porque se da en las personas que más papeles o cantidad de trabajo tengan que atender y, generalmente, sin rechistar o con la menor queja posible. Son los que siempre responden: «No te preocupes, yo me encargo; me quedo una hora más y lo termino si para ti es importante o necesitas que esté hecho».

- **Traición:** implica organización y planificación tanto para sus propias labores como para las de sus compañeros. Son de los que te pueden decir: «Yo llevo mi trabajo bien al día, pero tú vas retrasado», llevarán el control de lo que se tiene que hacer, de lo que se ha hecho y de lo que falta por hacer, desconfiando de que los demás estén capacitados para el trabajo que les corresponde; por ello, pueden decir que ellos hacen el trabajo de los demás para asegurarse de que realmente quede hecho.
- **Injusticia:** los de este tipo de carácter, al igual que los de la traición, son a los que más buscan los jefes o líderes porque se aseguran tener el trabajo hecho de forma correcta, a tiempo y todo perfectamente realizado y cumplimentado. Irreprochablemente formados, vestidos, con palabras adecuadas en todo momento y un trabajo ideal, tendrán un trato exquisito tanto con los clientes como con los compañeros (aunque por detrás suelten ciertas pullas). Son competitivos y tienen ansias de superación constante.

Te he dado dos ejemplos para que puedas entender cómo las heridas, las emociones, los pensamientos, nuestros comportamientos y la interpretación de nuestra realidad son básicos para entender quiénes somos realmente, cómo nos comportamos y por qué todas las capas de la Sanación SIC están entrelazadas entre sí.

Observar cuáles son nuestras heridas y todo el circuito por el que nos arrastran a todos los niveles a veces no es tarea fácil, ya que puede que haya quien tenga clara alguna de ellas predominante y que, tanto física como mentalmente, sea fácil deducir, pero muchas veces, por no decir la mayoría, tenemos varias o todas las heridas a la vez, lo que nos conduce a tener un poquito de cada una de ellas y dificulta detectar cuál de ellas nos está influenciando en cada momento. Te dejo un esquema a modo de resumen para que te ayude a poderlas diferenciar.

Una vez que hemos descubierto cada una de ellas y cómo nos duelen o nos protegen, lo importante es aceptar que aquello ocurrió en nuestra vida, lo que implica un aprendizaje encubierto que nos lleva a dar un paso más allá en nuestra evolución. Cuando vemos, reconocemos y aceptamos que todo lo que pasó tenía que pasar en la forma en que nos sucedió, es el

Herida	Edad	Progenitor	Miedo	Máscara	Argumento
Rechazo	De la concepción a 1 año	Mismo sexo	Pánico	Huidiza	No tener derecho a vivir
Abandono	Entre 1 y 3 años	Sexo opuesto	Soledad	Dependiente	Carencia importante de afecto
Humillación	Entre 1 y 3 años	Mamá	Libertad	Masoquista	Carencia de libertad, sentimiento de inferioridad o no merecedor de sentir placer
Traición	Entre los 2 y 4 años	Sexo opuesto	Separación, negación o disolución	Controlador	Traición vinculada al Complejo de Edipo. Falta de confianza
Injusticia	Entre los 5 y 7 años	Mismo sexo	Frialdad	Rigidez	Recibe rigidez y frialdad, por lo que no puede expresarse ni ser él mismo

momento en que podemos perdonar no a la persona que nos llevó a ese aprendizaje (un maestro disfrazado, un actor o cabeza de turco a quien tocó realizar ese papel en tu vida), sino a uno mismo por llevar durante tanto tiempo ese dolor a cuestas.

Por lo que ahora también entiendes que no solo consiste en comprender todo lo que te he explicado de las capas, sino también saberlo identificar en nosotros, poder aceptar que todo ello es real en nuestra vida y que forma parte de nosotros, sin ninguna resistencia y contándonos la verdad, para poderlo gestionar bien, trabajarlo desde lo más interno y así transformarlo, perdonarlo y sanarlo, de cara a nuestra posterior liberación.

Fíjate en cómo estas cinco capas del Sistema Integrativo por Capas nos permiten llevar a cabo todo el proceso para conocer e identificar desde la razón (el entendimiento o psique) para después poder aceptarlo, tanto desde la mente como desde el corazón, para cumplir la parte de perdón que nos lleva a la sanación, para posteriormente poderlo liberar, a través de la información y las herramientas de que disponemos. Considera cómo todo el proceso nos lleva desde la parte más física y mental, con unos estímulos y unas respuestas que condicionan nuestro subconsciente, nuestras emociones y las heridas que llevamos desde la infancia, tanto desde el saber como desde el sentir, desde nuestro ser más adulto hasta llegar a nuestro niño interior, y medita todo lo que tenemos que atender, gestionar, transformar y abrazar para llegar a una sanación correcta y completa.

NOTA ACLARATORIA

No debemos confundir las heridas de infancia con las HERIDAS DEL ALMA, ya que tanto el número como el orden de aparición son distintos. Las heridas del alma son siete: abandono, rechazo, humillación, traición e injusticia (igual que las heridas de infancia, aunque cambiando el orden de aparición de las dos primeras), a las que además hemos de añadir el no reconocimiento y la vergüenza. Sin embargo, las heridas del alma se alejan de la finalidad del presente libro, y por este motivo no voy a extenderme más en este campo.

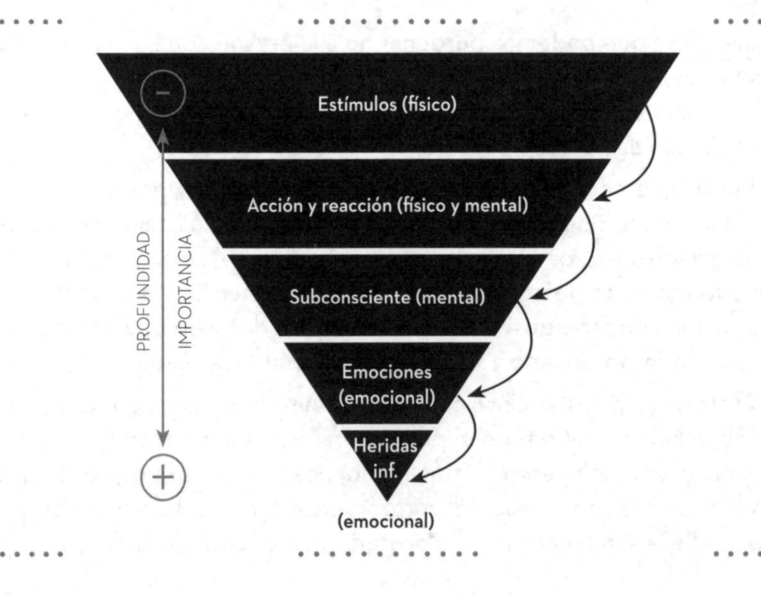

¿CÓMO NOS RELACIONAMOS CON NUESTRO DOLOR INTERNO?

¿Por qué muchas veces, aun sabiendo todo lo que llevamos en nuestra mochila, no hacemos nada para solucionarlo? Porque entrar en ciertas cosas hace pupita. Y huimos de todo lo que nos crea dolor interno, precisamente, aunque parezca contradictorio, para no volverlo a sentir.

Podemos pensar, por ejemplo, que nos gusta tener la atención de nuestro entorno, lo reconocemos, sí, aunque este concepto es muy general. Lo pasamos de puntillas por no querer ver qué es lo que originó ese dolor, nos quedamos en conceptos generales que difuminan el dolor que nos causa y por miedo a que nos duela más nos apalancamos en esa zona de confort, creyendo que con ese reconocimiento genérico estamos sanando, pero esto no nos va a funcionar.

Necesitamos entrar más en detalle, ahondar más en lo pequeño («cuando me dijeron...», «cuando me sentí...», «cuando me hicieron...», etc.), necesitamos concretar más para poder llegar a lo más profundo.

Un concepto más generalizado nos puede servir como un primer tanteo para reconocer que algo hay, y a partir de ahí poder profundizar más en detalle. Cuando profundizamos, la información nos permite conocer, reconocer, para volver a sentir el dolor y a partir de allí soltarlo y liberarnos así de él. Llevando todo este proceso sin volver a sentir ese dolor que tenemos dentro o sin saber cómo se originó, no podremos soltar lo que nos daña, ya que, por no volverlo a sentir, nos aferramos a dicho dolor y, con ello, no nos damos cuenta de que por no querer volver ahí lo que estamos obteniendo es el efecto contrario, porque, aferrándonos, continuamos llevándolo encima, metidito en nuestra mochila cargante.

Trabajar las heridas, las emociones y nuestras cargas en general nos permite cambiar la intensidad de ese dolor interno. Una vez pasado todo el proceso, el recuerdo todavía está, pero ya no duele porque en el camino nos hemos permitido soltar el dolor que nos vinculaba a una vivencia en concreto. Ese grado de dolor interno es el que nos hace ver las cosas de una manera u otra; si no lo trabajamos, si no lo transitamos, si no nos permitimos bajar y sumergimos en nuestras propias sombras, nos quedamos anclados en ese punto de dolor que nos relaciona con esa persona o circunstancia.

Cuando bajamos al detalle (recordarlo, sentirlo, ser consciente) y volvemos a sentir el dolor originado, es cuando lo podemos relativizar y podemos verlo *a posteriori*, sin ese filtro de pupita, y eso hace que cambie completamente nuestra percepción.

Si por el contrario no hacemos nada, el dolor sigue allí y es quien rige nuestras acciones y reacciones; si lo conocemos, reconocemos e identificamos en nosotros, con eso ya estamos aceptando que lo que tenemos en lo más profundo es una realidad en nuestra vida, y si además lo bajamos a nivel emocional y hacemos las paces, lo escribimos, lo compartimos con dicha persona, etc., ello nos permitirá todavía bajarlo más, y es en ese momento cuando transformaremos consciente o inconscientemente el dolor en una circunstancia de nuestra vida que nos ha permitido crecer, y verlo con otros ojos.

Cuando no nos damos el permiso de sanar es porque nos aferramos al dolor sentido, no a una persona o circunstancia que no nos ha gustado, sino que nos agarramos al dolor que estamos sintiendo y eso, aunque parezca contradictorio, todavía nos causa más dolor. Entramos en el bucle del dolor interno.

Si entramos en la herida, bajamos al dolor y lo transitamos, cuando volvemos a salir y vemos la herida, ha surgido la magia, ya la vemos de otra forma completamente renovada: las personas implicadas, las relaciones, las circunstancias... pierden intensidad porque hemos aprendido desde el dolor, reconociéndolo y soltándolo.

Recordar algo que no nos gustó vivir puede recrear ese dolor interno y eso es lo que nos lleva a no querer entrar, consciente o inconscientemente, en ciertas cosas al detalle, porque lo vivimos de forma desagradable. No hay que quedarse en el abrazo que no me dieron, sino dar importancia al hecho de que quiero abrazos, porque quedarnos con lo que nos falta nos relaciona con la carencia y por consiguiente con la escasez emocional, y eso, querido lector, aún crea más dolor.

Por eso nos aferramos a lo que menos duele, las generalidades, los conceptos. Si en lugar de quedarnos en la carencia, reconocemos lo que fue o no fue, pasó o no pasó, y lo transitamos, nos abriremos más a lo abundante, a recibir, no a lo que nos falta, sino a lo que queremos recibir.

Por este motivo, al contarte la verdad, tienes que ver lo bueno y lo no tan bueno para conectar más contigo mismo, con la realidad de quien eres realmente.

Una vez llegados a este punto lo tenemos que bajar al sentir, no solo saber lo que pasa en nuestra vida sino también darnos el permiso de sentir cómo todo eso nos mueve por dentro. Me explico: por ejemplo, con las heridas, ser consciente de lo que nos duele, lo que no nos gustó y desde allí tirar del hilo:

- Partimos de la idea de que nos gusta que nos vean o llamar la atención, sea de la forma en que sea (gestos, habla, tono de voz, actitudes para ser el centro...).
- ¿Por qué? Porque necesitamos sentirnos importantes; si no, pienso que no me quieren.
- Entonces, me siento abandonada o rechazada.

Vamos yendo hacia atrás o bajándolo más:

- ¿Qué pasa si no somos importantes? Que, por ejemplo, podemos sentir dolor o vacío interno.
- ¿Por qué intentamos cubrirlo hacia fuera? Para compensar ese vacío.
- Y ¿qué hace que tengamos ese vacío? La carencia, la necesidad... nos sentimos incompletos.
- Así que, para completarnos, necesitamos compensarlo con los demás, que nos hagan sentir importantes, o que nos presten atención. En definitiva, los demás llenan ese vacío que está poco definido generando una falsa protección que no nos lleva a ningún sitio.
- ¿Cómo podemos arreglarlo, no sentir el vacío o cómo lo llenamos? Sabiendo cómo se creó y llenártelo tú mismo.

Vayamos un poco más allá:

- ¿Compensar ese vacío qué provoca en nosotros? Nos otorga seguridad, amor, compañía, aceptación.
- Entonces, ¿qué buscamos fuera? Atención, contacto, empatía, comprensión... Pues eso es lo que nos tenemos que dar a nosotros mismos, porque precisamente es lo que no nos estamos dando; buscamos fuera lo que no nos damos.

Y todo este proceso de ir entrando más allá de lo que nos sucede, automáticamente y sin saberlo, nos aporta consciencia y presencia.

Voy a darte otro ejemplo de cómo abordamos estos temas para poder profundizar:

- Si eres una persona muy autoexigente o que se enjuicia mucho, está relacionado con la herida de la injusticia.
- Puede que exista en un segundo plano la idea de perfección o de ser lo correcto, porque quiero que me acepten.
- Necesito ser desde la autoexigencia, para que no me rechacen; si no, me siento sola.
- Puede ser, incluso, que te sientas traicionada.
- Y con ello, entras en bucle con las heridas.

Y esta es tu idea con tus heridas. No nos damos cuenta de que estamos entrelazando las reacciones en nuestra vida para compensar nuestras heridas, que de una forma totalmente inconsciente dominan nuestra vida, sin enterarnos en realidad de qué va la película, porque ese bucle emocional o dolor interno mueve los hilos de nuestras acciones, decisiones y reacciones espontáneas y sin ser sabedores de todo lo que esconden. Por ello, tenemos que admitir que no nos aceptamos o que tenemos un vacío interno que necesitamos completar hacia el exterior.

Tienes que entender que si tú no te conoces o no te comprendes, no puedes juzgarte, no necesitas ser algo que no eres.

Vamos de reacción en reacción, sin ser conscientes de que estamos compensando constantemente, y que lo hacemos por no priorizar lo que realmente importa: nuestro vacío o nuestro dolor. Sentimos esta carencia, nos duele y por eso no lo queremos sentir, utilizando todas las estructuras compensatorias posibles. Date cuenta de que lo que hacemos en realidad es supercomplicado, porque nadie nos ha explicado este proceso. Cuando vemos dónde está el centro de lo que nos pasa (vacío que no quiero sentir), en lugar de irnos de turismo por las heridas, tenemos que quedarnos en nosotros, sentir ese dolor y ver cómo podemos llenarlo por nosotros mismos, dejando de utilizar estructuras compensatorias desde las heridas, esas máscaras a modo de falsas protecciones para no sentir el dolor, pero que consiguen que nos duela todavía más, y que además le demos ese toque de complicidad que no nos deja centrarnos en el foco de la carencia verdadera.

Tenemos que permitirnos dirigir en lo que es realmente importante en nuestra propia historia real.

Existen tres fases importantes en todo este proceso:

1. Cómo se originó (pasado): una palabra, la falta de un abrazo, una actitud, una decepción... reconocer la pupita.
2. Cómo me está afectando o hace que me sienta (presente): vacío interno, miedo, enfado, soledad, inseguridad...
3. Focalizar el futuro, cómo lo puedo arreglar o transformar sin tener que tirar de los demás o de mi entorno.

De esta forma, nos permitimos bajarlo y llegar al núcleo para poderlo sanar.

Voy a ponerte un símil que espero que te pueda ayudar a entender el concepto. Cuando te haces una herida en el cuerpo, si no la tratas se puede infectar o ir a más, ¿verdad? Cuando te planteas curarla y sabes que, al poner alcohol, Betadine o cualquier otro sistema para curar, te va a escocer más y te hará más daño en el momento, pero después harán efecto sus propiedades y te sentirás mejor, ¿vuelvo a dar en el clavo? Bien. Con la sanación es lo mismo, puede que de primeras nos dé miedo la pupita que podamos sentir, pero después vamos a ver una mejoría visible, o invisible, en nosotros. En un momento en concreto tenemos la libertad de poder escoger cómo lo vamos a gestionar y resolver: si desde el miedo o desde la superación y sanación. No permitas que tus heridas emocionales se queden abiertas o vayan a peor.

Cada vez que te sorprendas diciéndote «Yo con esto no puedo», te invito a que te preguntes:

- ¿Tengo la capacidad mental para resolver cosas en mi vida?
- ¿Tengo la capacidad mental para aprender y obtener información?
- ¿Tengo la capacidad emocional de ver cómo las cosas me afectan?
- ¿Tengo un cuerpo y la chispa necesaria para hacer cosas en mi vida?
- Entonces... PUEDO resolver cualquier cosa que nace y está en mí.

El daño que nos viene de fuera es nuestra interpretación de cómo lo vivimos. Y eso es lo que duele, porque revivimos el dolor. En la vida nos pueden pasar infinidad de circunstancias, y no es el qué nos pasa, sino el cómo lo vivimos, porque lo estamos interpretando de una forma en concreto. Si en este punto me estoy generando un dolor es porque no lo estoy viviendo bien, y es ahí donde tenemos que acudir. No es la persona, la palabra o el hecho, sino: «¿Por qué yo me sentí mal cuando fulanito me dijo o menganito me hizo?». Y ahí es cuando le damos la vuelta a la herida con Betadine, sin obviar que lo que está sucediendo en realidad lo hace en nuestro interior.

Si todo este trabajo lo podemos hacer de forma visible y evidente, genial, se trata solo de ponernos manos a la obra; pero puede pasar que no seamos conscientes, y ahí es cuando hemos de entrar en técnicas del subconsciente para despertar lo no visible en nosotros y llevarlo a la conciencia o al recuerdo tanto mental como emocional.

La barrera defensora más corriente es pensar cualquier estrategia de evasión o negación, porque mentalmente no nos interesa volver a pasar por el dolor, pero con ello no nos damos la oportunidad de ganar salud, sea de la índole que sea, en nuestra vida. Porque incluso desde pequeños nos enseñan a ocultar lo malo, a no revivir un dolor o a evitar lo que no nos gusta vivir, y esa creencia es una fuente adquirida para precisamente evitar gestionar nuestra vida. Tenemos que entender que es todo lo contrario, y que si con ello tenemos que desaprender patrones adquiridos o antiguos, eso es lo que tenemos que hacer.

Muchas veces incluso, hablar desde fuera o de los demás es muy fácil, pero hablarnos a nosotros mismos y reconocer lo que está sucediendo en nuestro interior, nos guste o no, puede ser más arduo trabajo. Nos escudamos en lo mismo otra vez para no enfrentarnos a lo que no nos gusta o nos duele.

Quiero que me perdones por la expresión que voy a utilizar ahora, pero creo que es necesario exponerlo con estas palabras:

¿Qué me responderías si te dijera que te doy una bolsa llena de basura (por ser lo más fina posible) para que la lleves toda tu vida encima, todos los días de tu vida hasta que te mueras? Que NO, ¿verdad? Porque además si la revolvemos huele mal y se hace más fastidioso llevarla a cuestas. Entonces ¿por qué permites lo mismo, pero de una forma inconsciente, para ti? Podrías decirme: «Vale, la tomo porque he aprendido a cambiar la basura por florecillas o simplemente para ir vaciándola poco a poco». Pero no, ni tan siquiera nos planteamos que llevamos esa bolsa de basura a cuestas y en todo momento y que, además, nos dejamos influir y nos alimentamos de ella.

¡Cuestiona tu mente! Vence las batallas que te ponen a prueba para anclarte en tu zona de [in] confort y vence todas tus estrategias aparentemente protectoras para poder llegar a ser tú mismo, sin limitaciones, sin condiciones, sin basura.

HERIDA EN EL BRAZO
(símil de origen desconocido)

Cuando empecé con todo lo que es el tema de la sanación, una de las cosas que vi es que las personas consciente o inconscientemente me dañaban, o yo interpretaba que me hacían daño. No entendía por qué muchas veces las respuestas que recibía o cómo se comportaban conmigo podían ser algo real, puesto que a mí no me gustaba malmeter a los demás.

Reflexionando sobre el tema, entendí que no lo hacían de una forma consciente, ni tan siquiera lo que hacían o decían era malo o dañino, sino que era mi propia interpretación, desde la intensidad del dolor interno que yo tenía, la que hacía que viviera las circunstancias de una forma u otra.

Ya lo decía Ramón de Campoamor: «Y es que, en el mundo traidor, nada hay de verdad ni mentira, todo es según el color del cristal con que se mira». Mediante esta sentencia entendemos el poder de la interpretación según nuestro filtro interno (pensamientos, creencias, emociones, vivencias pasadas, heridas emocionales o de infancia, expectativas no resueltas y un largo etcétera).

Con ello entendí que las personas me dañaban sin querer, puesto que era todo fruto de mi interpretación de una realidad filtrada por mi dolor interno, y con ello comprendí que el dolor no nos lo provoca nuestro alrededor, sino que el dolor está dentro de nosotros y las personas que creemos que nos dañan simplemente lo que están haciendo es resaltar o manifestar dicho dolor.

Voy a explicarlo de una forma más fácil y sencilla mediante un ejemplo que oí hace un tiempo y que reforzó más este mensaje:

Imaginad que un día, estando en casa cocinando, por ejemplo, tengo un accidente en la cocina y me hago un corte en el brazo. Se forma una herida, que duele, pero que seguramente curaré y taparé con algún tipo de vendaje o tirita. Acto seguido salgo a la calle y la herida que me acabo de hacer queda tapada por un jersey o alguna chaqueta. Y me encuentro con una persona conocida. Sin esa persona saber que tengo una herida en el brazo, al saludarme o abrazarme me roza la herida, cubierta por la ropa. ¡Ay, qué dolor! Yo siento ese dolor, aunque la otra persona no sepa que me está tocando una herida que tengo en el brazo. Mi reacción incluso puede ser decirle: «¡Ay, me has hecho daño!». Y ahora lanzo al aire la pregunta: ¿Realmente te ha hecho daño, o el daño ya lo llevabas puesto?

De este ejemplo deducimos que cuando en nuestro exterior algo no nos gusta o creemos que nos está dañando, en realidad lo único que está pasando es la manifestación de un dolor interno que ya tenemos en nosotros; que todo lo que no nos gusta de las relaciones o de nuestro entorno en realidad es un reflejo de lo que tenemos en nosotros que algún día nos hirió, y todavía lo tenemos en nuestro interior.

A través de este ejemplo, podemos llegar a entender mucho mejor el concepto de sanación, de la ley del espejo (todo reflejo exterior es igual a nuestro reflejo interno), las heridas de infancia, las emociones limitantes y el poder de la interpretación.

Todas aquellas personas que creemos que en nuestro día a día nos dañan, en realidad simplemente nos están mostrando un dolor que ya tenemos en nuestro interior, pero ellos no son los culpables de dicha manifestación, todo lo contrario, pasan a ser unos maestros en nuestra vida ya que gracias a ellos podemos ver que ese dolor existe y tiene más o menos intensidad, para que lo podamos sentir, transitar, aceptar, aprender y posteriormente sanar o transformar.

3. Preguntas de aplicación del Método de Sanación SIC

¿Alguna vez te has planteado que tu vida está estancada o que no tiene rumbo? Puede que te hayas planteado que no sabes quién eres o que te sientas limitado. A veces, incluso sabes lo que tienes que hacer, pero no te ha funcionado o te cuesta actuar. Tenemos que convencernos de que no podemos desistir en nuestra vida, que hay que continuar a pesar de la infinidad de saboteadores que se pueden presentar en el intento. No hay que dejar nada por imposible, sino actuar conscientes de lo que queremos conseguir, lo que tenemos y quiénes somos.

Puede que incluso en algún momento de tu vida hayas tenido que tomar medicamentos por algún tipo de alteración o somatización física o mental (muchas veces originada por tu campo emocional), que seas la oveja negra y no tengas remedio, que no sepas meditar o que no te lleves bien con ciertas herramientas de gestión personal, que lo de ser espiritual no vaya contigo, que creas que ya eres feliz y por ello no hace falta dar ningún paso más, o incluso que nada de lo que estás leyendo en estas páginas te puede ayudar.

Querido lector, todo lo que pueda pasar por tu cabeza, mediante pensamientos, creencias o excusas, son boicots mentales que se desarrollan en ti para no avanzar, para tenerte justo en el sitio donde te encuentras, para que sencillamente no hagas nada en tu vida para progresar, porque tu mente en algún momento se ha creído aquello de «Más vale malo conocido que bueno por conocer». En mi humilde opinión, si me lo permites, esta frase es la peor forma que se ha creado en nuestra sociedad para que nos anclemos en nuestra zona de confort (o de [in] confort) para que continuemos dormidos, parados y sin luchar por nuestra vida, por nosotros. Primero conoce lo que sea, decide si es malo o bueno y a partir de ahí toma la decisión que precises según lo que sea mejor para ti, activamente y con convencimiento.

Mi consejo: cuestiónate todo lo que tu mente o tu autocharla te diga y pregúntate: «¿Es verdad? ¿Es real? ¿O es una estrategia para que me aleje o no haga...?». Y no permitas ciertas evasivas inconscientes en tu vida que dominen un punto muerto en el que ni eres consciente ni puedes, por consiguiente, actuar para cambiarlo.

En este campo, cuanto más conozcas cómo funcionan tu mente, tus emociones, tus comportamientos, reacciones y demás, más opciones vas a tener de conocerte mejor y así poder potenciar tus deseos, dones y cualidades que tienes para llevar la vida que realmente quieras llevar, no la que te digan o la que tienes en piloto automático. Para ello, lo primero que necesitas es predisposición al cambio, e inquietud por aprender, mejorar y evolucionar, siempre contándote la verdad.

A continuación, quiero explicarte cómo todo lo que hemos visto anteriormente se ve reflejado en nuestra vida, y para ello quiero introducir dos conceptos *made in Maite* que se entrelazan entre sí:

1. Los tres niveles FEM: Físico, Emocional y Mental.
2. Las tres P: Pasado, Presente y Propósito.

Necesitamos conocer cómo afectan las tres partes más implicadas en nuestra vida para el desarrollo de la misma a partir de lo que hemos vivido, de cómo nos está afectando y de adónde queremos llegar en un futuro. Y todo, todo, se desarrolla siempre desde este momento, desde nuestro presente. Veámoslo por partes.

PRIMERA P: PASADO

NIVEL FÍSICO

- Ya hemos visto que nuestro cuerpo puede variar según nuestras **heridas de infancia**, y que estas condicionan totalmente nuestro cuerpo físico. Por ejemplo, la herida de la humillación. Todas las heridas tienen una estructura corporal altamente relacionada con el armazón protector que representa el dolor interno originado a través de la herida predominante en nosotros, influyendo totalmente en nuestro aspecto físico.

- El **miedo** (más concretamente, las **creencias limitantes**, que veremos más adelante). Conceptualmente, el miedo es un recuerdo del pasado de algún suceso que quedó grabado en nuestra mente proyectado hacia un futuro incierto, aunque sí real para nuestra mente. Esta emoción paralizante o evitativa influye activamente en nuestras acciones, ya que al creer constantemente en alguna cosa que me limita, puede afectarme a nivel físico. Por ejemplo: no puedo hacer algún tipo de deporte porque tengo miedo a... Este concepto me va a influir tanto en la estructura como en la salud físicas.
- Las **emociones**. Ya hemos visto en el apartado de las emociones cómo pueden afectar a nuestra salud física, cómo ciertas emociones influyen directamente en algunos órganos internos y cómo muchas de estas emociones vienen de experiencias o situaciones pasadas de nuestra vida, que, al no soltarlas, gestionarlas o transformarlas, forman parte de nuestra mochila emocional, que condiciona nuestro estado físico.

NIVEL EMOCIONAL

- En nuestro interior y desde el pasado tenemos las **emociones negativas** (o como ya hemos visto, las que vivimos desagradablemente), que se retroalimentan entre sí y que condicionan claramente nuestras decisiones. No es ningún secreto que el miedo produce miedo, que sentir culpa incrementa la culpa o que la rabia da mucha rabia. Igualmente, nos puede dar miedo sentir rabia o tristeza por sentirnos decepcionados. Entre ellas pueden sumarse, e incluso, multiplicar el estado emocional en que nos encontremos, y por ello es importante ver cómo las emociones de nuestro pasado pueden afectar a todo nuestro sistema emocional.
- Dichas emociones negativas condicionan claramente nuestras **acciones y reacciones**, que hacen que actuemos de una forma concreta, o todo lo contrario, que dejemos de reaccionar. Si mis actos o decisiones rigen el camino trazado, no es de extrañar que nos vayan

afectando desde el pasado y que la cadena de acciones nos lleve al punto en que nos encontramos hoy en día. Si no me gusta donde estoy, una parte que tengo que mirar son mis actos del pasado, porque estarán altamente ligados a donde me han conducido. Además, las emociones negativas del punto anterior se unen en estas acciones del pasado, por ejemplo: tenía tanta rabia que tiré una piedra en su ventana y ahora tengo que pagar el cristal, y me siento culpable. ¿Te das cuenta de la cadena emocional del pasado? Bien, continuemos con ella.

- La **interpretación** de nuestras emociones nos puede hacer llevarlas a su sentido más negativo y a las reacciones que anteriormente he expuesto, y esto también afecta claramente desde nuestro pasado. Por ello es importante recordar que las emociones son neutras y que es nuestra interpretación lo que les da fuerza o intensidad.

NIVEL MENTAL

- Concordancia directa con nuestro **físico** antes mencionado, a través de las creencias limitantes, los pensamientos del pasado que repercuten directamente con nuestro cuerpo a través de creer, dar vueltas o darle fuerza a ciertas limitaciones mentales que paralizan el desarrollo físico.
- También, como venimos comentando, las **emociones** están altamente relacionadas con nuestra mente, por aquello de retroalimentar las emociones negativas dando vueltas a nuestra croqueta mental, y ello puede desencadenar además patologías mentales que se tienen que gestionar y tratar.
- El **ego**, que en la teoría del psicoanálisis de Freud es la parte parcialmente consciente de la personalidad humana, que controla la moralidad y media entre los instintos del ello, los ideales del superego y la realidad del mundo exterior. Después entraremos más en este concepto, aunque es importante que podamos reconocer en este apartado la importancia de esta estructura como condicionante notable según el ego de nuestro pasado.

- Vemos que estamos repitiendo los conceptos que se relacionan entre sí por la alineación tan estrecha que hay con las tres C: Cabeza (mente), Cuerpo (acciones) y Corazón (emociones). Cuando tenemos alineados estos tres campos en nuestra vida, estamos en equilibrio con nosotros mismos, por lo que cualquier alteración de alguno de ellos afecta claramente a los otros dos. Por ejemplo: si pienso y siento que «no», y hago «sí», me comeré la cabeza sobre por qué lo he hecho y además me sentiré culpable; si pienso y hago que «no» y siento que «sí», los remordimientos y el arrepentimiento me afectarán tanto a nivel físico, como emocional y mental; y así rotativamente.

Físico

Las **heridas de infancia.**
El **miedo** (recuerdo del pasado) y las **creencias limitantes**.
Las **emociones** condicionan la salud física.

Emocional

Las **emociones** pasadas limitantes o «negativas».
Condicionan claramente nuestras **acciones y reacciones**.
Las emociones son **neutras**, atención a la interpretación.

Mental

Están totalmente ligadas al nivel **físico** antes mencionado.
Altamente relacionados con las **emociones**.
Están fuertemente condicionados por el **ego**.

SEGUNDA P: PRESENTE

NIVEL FÍSICO

Tenemos ciertos malos hábitos en nuestra vida que desgastan nuestro cuerpo y que son ya muy conocidos por todos nosotros. Además, no es ningún secreto que, si permanecemos secuestrados en nuestra zona de [in] confort pasivamente, nos amoldamos a una vida sedentaria que a nivel físico se puede llegar a traducir en problemas de salud en nuestro día a día.

- Esto nos lleva a tener que tomar **medicamentos** según para qué patologías, los cuales, asimismo, pueden tener efectos secundarios que pueden afectar a nuestro presente. Quiero aclarar en este punto que no estoy en contra de los medicamentos, ya que entiendo que si existe un dolor físico son necesarios para menguar dicho dolor. Sí soy partidaria de no anclarnos a estos medicamentos, tomarlos muy esporádica y conscientemente y tratar de buscar el origen de la patología para hacer que desaparezca la somatización.
- Una parte también importante es cómo nos afecta la **autoestima**, el amor propio hacia nosotros mismos, que puede ser un gran filtro en cómo vemos, reconocemos y cuidamos nuestro cuerpo (lo que también afectará a nuestra parte mental y emocional).

NIVEL EMOCIONAL

- Podemos llegar a creer que **somos** nuestras emociones o heridas, en tanto que parte de nuestra personalidad o carácter, cuando en realidad son respuestas de unas máscaras o corazas aparentemente protectoras que nos compensan emocionalmente (o al menos eso creemos), y ello nos afecta en nuestro día a día.
- También tenemos que ser conscientes de todos los traumas que escondemos debajo de la capa no visible de nuestro iceberg, que directa o indirectamente nos afectan en gran medida. Como están escondidos en el subconsciente, no podemos reconocerlos, y por ello, tampoco resolverlos.

- Y por último, es de vital importancia saber **gestionar** y **aprender** de nuestras emociones para poder extraer la parte positiva de lo que nos sucede o de lo que sentimos, para así evolucionar y no permitir que ciertas interpretaciones o malas circunstancias afecten de manera notable en nuestro presente.

NIVEL MENTAL

- Anteriormente ya hemos hablado de la **autocharla** constante que tenemos en nuestra mente, que da vueltas y vueltas, y en consecuencia muchas veces dejamos de hacer cosas; por ello, lo vivimos como algo negativo, porque el pensamiento nos limita el abrirnos a nuevas oportunidades en nuestra vida diaria, lo que condiciona nuestras decisiones y nuestros actos.
- De forma totalmente involuntaria, nuestra mente nos **autosabotea** constante e inconsciente, lo que no nos permite avanzar; incluso nos convencemos de que hay creencias que son reales. Tenemos que tener cuidado y saber reconocer cuándo nos autosaboteamos para comprender que podemos tener otras alternativas que nos conduzcan a metas o resultados completamente distintos.
- Identificar todo lo ***negativo*** que nos rodea para darnos cuenta de que no es el mejor alimento para nutrir nuestros pensamientos (las quejas, críticas, chismes, etc.). Todo ello influencia negativamente nuestra mentalidad y nuestros pensamientos, los cuales, como hemos visto antes, afectan directamente a nuestras emociones y nuestros actos.
- Y vuelvo a poner el **ego** porque condiciona tanto desde el pasado como en el presente.

Físico

Malos hábitos que desgastan nuestro cuerpo.
Permanecemos secuestrados en la **zona de [in] confort**.
Debemos tomar **medicamentos** para según qué patologías.
Afectación importante de nuestra **autoestima**.

Emocional

Creemos que **somos** nuestras emociones.
No somos conscientes de los **traumas escondidos**.
No sabemos **gestionar o aprender** de nuestras emociones.

Mental

Auto-charla negativa constante.
Auto-sabotajes constantes e inconscientes.
Lo negativo forma parte de lo «normal».
Están fuertemente condicionadas por el **ego**.

Tercera P: PROPÓSITO

Tenemos que tener claro que, tanto a nivel físico como emocional y mental, si no tenemos un propósito, una meta o una dirección, sea en el ámbito que sea, vamos perdidos y sin rumbo. Es igual que cuando subes a un coche: lo haces porque tienes un destino y sabes cuándo vas, con quién vas y para qué o por qué vas, ¿verdad? Y si lo tenemos en el coche o en actos tan cotidianos en nuestro día a día, ¿por qué no lo tenemos en nuestra vida en general? No quemamos combustible porque sí o porque nos apetezca, ni tampoco desgastamos las ruedas porque esté de moda o porque el de al lado las *pete* sin más. El combustible en nuestra vida es nuestro tiempo, energía y dedicación, y por ello no tenemos que quemar por quemar, sino marcar una ruta para saber dónde queremos llegar y así optimizar nuestros propios recursos de vida, tanto físicos y emocionales como mentales.

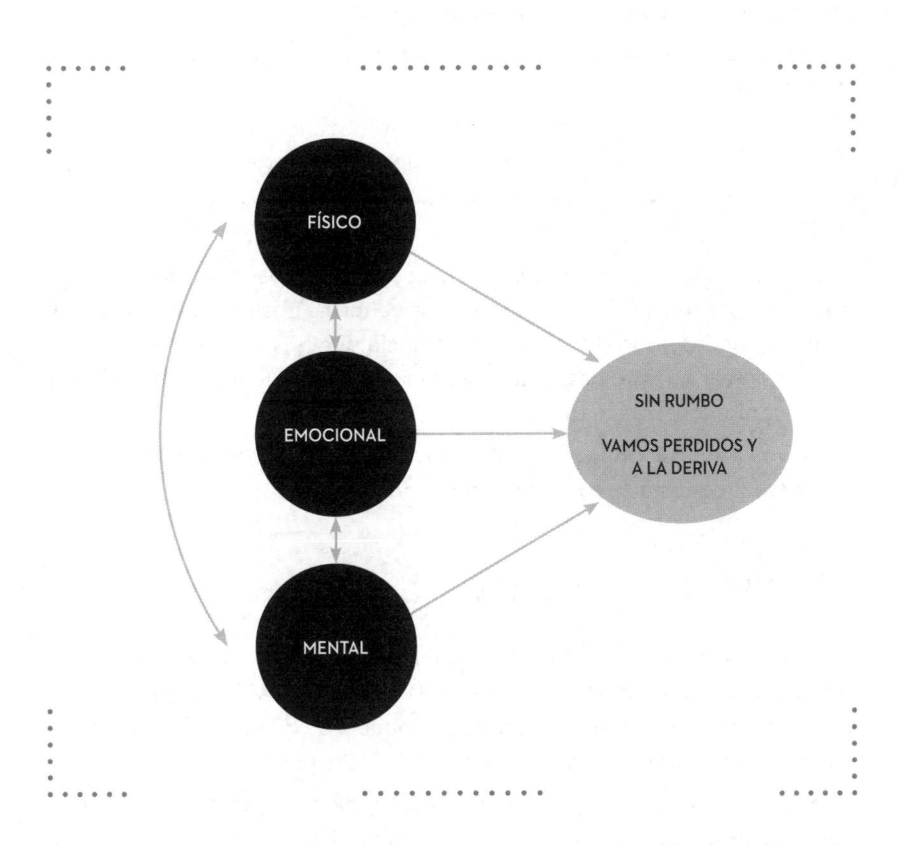

Ver cómo se entrelazan las tres P con los tres niveles FEM es esencial para darnos cuenta de lo importante que es el todo con el todo en nuestra vida y que, con ello, podemos extraer mucha información de nosotros mismos para entender las cinco capas de la Sanación SIC y cómo podemos hacer cambios reales en nuestro día a día, sabiendo de dónde venimos, hacia dónde vamos y qué podemos gestionar o transformar desde el único tiempo que existe ahora mismo: el **presente**. Dejemos de ir a la deriva, con el piloto automático o de llevar la vida que los demás desean que llevemos, escondiendo nuestro propio dolor interno, y cojamos las riendas de lo que nos sucede y de cómo queremos que suceda.

Hay una afirmación que adquiere todo su significado con lo que estamos viendo:

No siempre puedes escoger lo que te toca vivir,
pero sí puedes escoger cómo quieres vivirlo.

Y justamente este es el quid de la cuestión: si desde el sufrimiento o desde el aprendizaje. Si escogemos vivir de forma positiva, desde la aceptación y aprendiendo de cada circunstancia que nos suceda, será mucho más fácil crear nuestro presente y poner rumbo hacia nuestro futuro mejor y más como nosotros lo queremos.

Te voy a indicar **cinco preguntas clave** para que, contándote a ti mismo la verdad, llegues al meollo de la cuestión.

PREGUNTA 1. ¿Cómo has llegado al punto en que estás en la actualidad?

Ese punto es en el que te has dado cuenta de que hay una serie de cosas que cambiar para poder llegar a tener la vida que tú quieres para ti. Para ello necesitamos entrelazar todos los conceptos que hemos visto hasta ahora para adaptarlos a tu realidad.

Primero que nada, me gustaría que entendieras que tanto las emociones y las heridas de infancia, que son el dolor más profundo que tenemos y que causan las otras tres capas de la Sanación SIC, se relacionan entre sí, teniendo una **emoción** predominante para cada **herida de infancia** (eso no quiere decir que no sintamos las emociones en las otras heridas, sino que son más características), encadenando causa y efecto y entrando en bucle entre ellas. Veámoslo:

- ¿Te acuerdas de la primera herida? La persona que se siente desubicada, a la que le gusta vestir de oscuro, le gusta pasar desapercibido o esconderse, le gusta vivir o aislarse en mundos paralelos... Las emociones más asociadas a la herida del rechazo son el miedo y el asco; el pánico hace que sienta la necesidad de huir constantemente porque cree que no es merecedor de existir, y eso le lleva a que todas sus acciones, pensamientos y estímulos vayan acordes a la intersección entra la herida y las emociones más activamente relacionadas.

IMPORTANTE

*El **rechazo** se relaciona con el **asco** (protección y supervivencia) y con el **pánico** (protección paralizante).*

- En la segunda herida veíamos que la persona abandonada necesita siempre la opinión, la aceptación y la validación de los demás, y por ello precisa captar su atención, utilizando a veces el victimismo para conseguirlo. Por ello la tristeza es una de las emociones más relacionadas con esta herida, ya que su peor miedo es la soledad y por eso, en su vida, sus acciones y pensamientos son para evitar sentirse solo. Este miedo a la pérdida en realidad ya está originado por otra pérdida anterior: el afecto que quería tener y no obtuvo, provocándole una gran carencia afectiva.

IMPORTANTE

*El **abandono** se relaciona con la **tristeza** (regenerador, pérdidas, etapas del duelo...) y con el **miedo** (protección y supervivencia).*

- Veíamos que las personas con la herida de la humillación priorizan las necesidades de los demás antes que las propias, no saben poner límites y su vida está basada en complacer, aunque no sea de su agrado; por ello, el callar y tragar es una de sus características más fuertes. Cuando cargan con todo, también lo hacen con las responsabilidades de los demás, por lo que es fácil que se culpabilicen de todo y por todos. Esta es la emoción que más se relaciona con esta herida: la culpabilidad, que deriva hacia una estructura masoquista y coartada de libertad, porque en su subconsciente todo lo que harán en su vida estará condicionado por no tener libre expresión tanto de lenguaje y pensamiento como de emoción y acción.

IMPORTANTE

*La **humillación** se relaciona con la **culpa** (corrector) y con el **miedo** (protección y supervivencia).*

- La cuarta herida, la traición, está marcada por un amor no correspondido. Por ello tiene la necesidad de anticiparse a las circunstancias, ser una persona altamente controladora, planificadora y organizada. La creencia de que nadie lo apoya le hace precisar no soltarse en ningún momento y sentirse fuerte físicamente. Por todo ello, las emociones que más se relacionan con la herida de la traición son la decepción por no cubrir sus expectativas, y la desconfianza en todo y todos, ya que cualquier elemento puede llegar a ser amenazante y sentirse traicionado otra vez.

IMPORTANTE

*La **traición** se relaciona con la **decepción**, la **desconfianza** (bajar los estándares de las expectativas y protección emocional) y el **miedo** (protección y supervivencia).*

- Y, por último, descubrimos la herida de la injusticia. La persona, en la que «perfección» es su segundo apellido, se esfuerza por ser buena, por hacer siempre lo correcto para ser aceptada y respetada. A veces se muestra a la defensiva, y si alguna cosa cree que no es como ella tiene establecido en sus patrones, luchará y se enfadará para conseguirlo. Por este motivo, y por su frialdad emocional, la emoción que más la caracteriza es la rabia o ira, y todos sus actos y pensamientos, aunque sean inconscientes o contenidos, estarán marcados en mayor o menor medida por dicha emoción.

IMPORTANTE

La ***injusticia*** *se relaciona con la* ***rabia*** *o* ***ira*** *(nos ayuda a actuar) y el* ***miedo*** *(protección y supervivencia).*

• • •

En segundo lugar, cuando miro cómo he llegado a estar en este momento presente, leyendo este libro, tengo que tener varias variables además de las comentadas anteriormente (tanto con las emociones como con las heridas de infancia), como las creencias limitantes y todo lo que de alguna forma sale desde la parte más subconsciente.

Las **creencias limitantes** son un tipo de pensamiento, real o irreal, que se instaura en nuestra mente como si de una semilla se tratara, creando y alimentando una idea como cierta y real, y que además, como su mismo nombre indica, limitan nuestros actos y decisiones. Por ejemplo, ¿quién no ha oído alguna vez...?

Todos los hombres/mujeres son iguales...

Si no estudias, no serás nadie...

Las rubias son poco inteligentes...

El cliente siempre tiene la razón...
Más vale malo conocido que bueno por conocer...

Y ahora es cuando yo te pregunto: ¿realmente es así? ¿Es cierto lo que sustentan estas afirmaciones? Hay que relativizar lo que decimos y darnos cuenta del nivel de verdad que puede o no esconder. Porque estarás de acuerdo conmigo en que ni tiene nada que ver el color del pelo con la inteligencia, ni el hecho de que estudies o no con ser persona, porque estudiante o no, ya eres alguien.

Lo que pasa es que están tan altamente integradas en nuestra sociedad y cultura que nos las creemos y las damos como ciertas, adaptándolas coloquialmente a las conversaciones que tenemos, tanto internas como externas.

Y ahora te vuelvo a preguntar: ¿y qué pasaría si estas creencias limitantes están dentro de tu mente alimentando tus capacidades, posibilidades o merecimiento? Pues que ni lo dudas, te lo comes con patatas, alto y claro, y haces de ello una realidad.

No puedo...
No soy capaz...
No merezco...

¿Tiene sentido que hayas limitado tu vida por ciertas creencias que has hecho tuyas, y que por ello tu vida esté más condicionada de lo que podría estar? Si no te lo crees, busca el cuento de Jorge Bucay: *El elefante encadenado*. Una vez más, mi consejo es que te cuestiones si lo que crees o piensas de ti o de tus limitaciones es cierto o no. ¡Te sorprenderás!

Por otra parte, ya hemos hablado de cómo nos condiciona nuestro **subconsciente** como facilitador de procesos mentales no percibidos conscientemente que pueden influir en nuestro pensamiento y carácter, y por consiguiente también en nuestra forma de actuar y sentir. Las principales estructuras en las que se reflejan son:

- **El ego:** implica estrategias mentales totalmente presentes en nuestra vida para ser más o menos que los demás. Asimismo, es claramente una forma de compensar nuestro miedo. Aunque pueda parecer difícil de creer, no es un enemigo; te recomiendo que lo veas más como una mano amiga, que lo abraces y lo aceptes: viene a tu rescate para que puedas aprender o gestionar algo que está desequilibrado en ti.

- **La autocharla:** como diálogo mental, mayoritariamente negativo, que nunca cesa, crea dudas y nos intenta convencer. Es como esa voz en *off* que siempre nos dice: «¿Estás segura? ¿Vale la pena el esfuerzo? Si te quedas en casa estarás más tranquila», etc.
- **El autosabotaje:** todas las trabas que nos ponemos a nosotros mismos, consciente o inconscientemente, tanto a nivel físico como emocional y mental.

PREGUNTA 2: ¿Cuánto tiempo estás dispuesto a ser así o a tener esta actitud?

Como ya hemos visto anteriormente, el **presente** es el único momento en que las cosas suceden: puedo sanar el pasado, orientarme hacia el futuro y saber reconocer todo lo que está pasando en mi presente. También es el mejor momento para aprender y saber poner límites, para poder decir y decidir lo que quiero y lo que no quiero que llegue a mi vida. Como la propia palabra indica, el presente es un presente, o mejor dicho, un regalo, desde el que podemos gestionar con nuestro retrovisor y poner la mirada hacia adelante, y siempre tomando los mandos desde este justo momento, viviendo en el aquí y el ahora.

Además, en el presente es cuando podemos decidir dar el paso, es el momento único en el que podemos **actuar**.

Acuérdate de la frase de uno de mis mentores, vital para la toma de conciencia: «Un deseo no cambia nada, una decisión lo cambia todo». Es el paso clave para poder salir de la zona de [in] confort, para dejar de procrastinar, dejar de escuchar el sinfín de excusas, las creencias limitantes, a los saboteadores, y desde el que podemos gestionar nuestros miedos para **dar el paso**, de una forma incuestionable, para decir sí o sí y allá voy, sin dejar ninguna grieta posible a la duda.

Y por último, ser conscientes de que el presente es el mejor momento para **dejar viejos patrones**, porque si no queremos los mismos resultados, en algún momento tendremos que hacer las cosas de manera diferente. Y ese momento no es ni mañana, ni la semana que viene ni cuando estemos de vacaciones, el momento es **ahora**.

Y de esta forma dictaminar un **hasta aquí**, «ya no quiero ser más así o no necesito hacer lo mismo de siempre, voy a buscar más allá», entrar más en ti para conocerte mejor y así poder incrementar tu bienestar personal. ¿Cómo?

- Primero que nada y superimportante, nuestro propio **reconocimiento** para aceptar nuestra propia existencia, el entorno y el rol que tenemos en nuestra vida. Podemos incluso creer que no estamos ocupando el espacio que nos corresponde, si no nos damos nuestro propio lugar como hija, como madre, pareja, mujer... y para ello es importante trabajar el **yo soy**, con afirmaciones potentes en pro del empoderamiento y el reconocimiento que necesitamos para tomar el papel de protagonista principal de nuestra propia película.
- El poder de la **aceptación** para poder integrar el concepto de que «todo pasa», bien porque algo sucede y es una realidad en mi vida, o bien porque se aleja en un momento dado, pues igual que un día llega y aparece, también hay otro en que se va y desaparece. Puede tener un tiempo corto, de cinco minutos, o largo, o incluso media vida, y con ello me refiero tanto a las personas, como a los objetos, circunstancias, emociones y todo lo que puede llegar a complementar nuestra vida. Esto es pura aceptación, es el fluir de la vida, las idas y venidas, la admisión de que todo llega y todo se va, para que podamos vivir de una forma más tranquila, sin apegos y sin conflictos internos.
- El **perdón** como símbolo de sanación. Saber perdonar y perdonarnos es el acto por el que entendemos que ha habido una parte positiva o un aprendizaje, y cuando esto sucede, cuando entiendo el perdón en su verdadera esencia, es cuando me doy cuenta de que en realidad no tengo nada que perdonar, cuando nos damos cuenta de que lo que ha pasado en nuestra vida es porque necesitábamos que pasara de esa forma para nuestra evolución, para aprender y a

partir de allí ser mejores. Por ello, cuando llegamos a este punto de entendimiento del perdón es cuando ya no nos aferramos al dolor interno, sino que lo soltamos para ser más libres, nos abrimos al amor hacia los demás y hacia nosotros mismos, lejos de cualquier fuerza negativa o dañina que nos aferre a nuestras propias mazmorras. Y este es el verdadero perdón.

PREGUNTA 3: ¿Quién has sido realmente y quién no quieres ser?

Puede que lleguemos a un momento de nuestra vida en que no seamos conscientes de quiénes somos y ni tan siquiera nos reconozcamos como tales. Por ello, te voy a marcar algunas de las opciones más habituales que me encuentro entre mis clientes y alumnos para que al leerlo, si sientes que te identificas con alguna de ellas, puedas seleccionarla como punto de partida, de modo que, cuando hayas terminado el libro, puedas actuar para cambiarla, haciendo todo lo que se tenga que hacer para decantar la situación. Vamos allá.

- Baja autoestima.
- Alteraciones en la salud mental (tendencias depresivas, ansiedad, insomnio o estrés).
- Alteración de la identidad personal, familiar y social.
- Sentimiento de tener una vida fracturada.
- Deterioro socioeconómico.
- Sentimientos de dolor por pérdida y abandono.
- Inseguridad causada por la idea de ser desconocido, juzgado, rechazado, abusado y/o vulnerado.
- Malestar en un aspecto en particular o general.
- Desmotivación en un aspecto en particular o general.
- Falta de energía.
- Discriminación.
- Insatisfacción.
- Inconformismo.

En tanto que principal protagonista de tu historia, me gustaría que entendieras que tienes que implantar ciertas estrategias para alimentar tu día a día, ya que estos, uno tras otro, forman tu existencia, tu vida, la tuya y de nadie más.

- Ante todo, **amor** y **respeto** para ti mismo, y no permitas que nadie te diga que es egoísmo, sino que es amor propio por y para ti.
- Vivir con **entusiasmo**, **motivación**, **energía** y **alegría**.
- **Cuidar** y **mantener** la salud física, emocional y mental.
- **Ser agradecido** basándote en el amor, poder agradecer a todos y todo. No hay nada más placentero que decir un gracias de corazón, no por educación o con el piloto automático, sino un gracias salido desde las entrañas, sentido y emocionado.
- **Superar** todos los **obstáculos** que la vida te presenta para sentirte exitoso en la vida.
- **Superar** los **miedos**.
- **Convertir** las **adversidades** en oportunidades de aprendizaje.
- **Ser** y **estar** seguro de ti mismo.
- Buscar y vivir una vida **satisfecha**, **alegre** y **feliz**.

PREGUNTA 4: ¿Para qué debo cambiar?

Como hemos visto en las tres P, necesitamos tener una **hoja de ruta** para fijar nuestros objetivos y nuestras metas. No te presiones por ir a lo grande, con pequeños logros puedes llegar antes a la meta. Para ello, veamos dos conceptos importantísimos relacionados entre sí:

1. **Descubrir** cuál es ese motor que nos va a llevar a ese cambio, cuál es el mejor combustible para pincharnos a salir de nuestra zona de [in] confort. Estoy hablando de los **porqués** y **paraqués**, que aunque parezcan lo mismo, son conceptos muy distintos. Los porqués son los razonamientos mentales aplicados en nuestros día a día, y nuestros paraqués provienen más desde el impulso emocional. Voy a poner un ejemplo facilón para que puedas ver la diferencia:

2. Si yo te pregunto: «¿Por qué trabajas?», tu respuesta instantánea puede ser: «porque tengo que ganar dinero», «porque tengo que pagar facturas», «porque está así establecido a nivel social»... Ahora bien, si te pregunto: «¿Para qué trabajas?», tu respuesta puede que cambie a un «para sentirme realizado», «para poder ayudar a los demás», «para poderme integrar en un equipo de personas y aprender de ellas», etc.
3. Date cuenta de cómo las motivaciones cambian radicalmente, porque no es lo mismo que nuestras acciones provengan de la mente que del corazón. Por ello es importante hacernos estas preguntas en todos los ámbitos de nuestra vida, para poder enterarnos de cuál es el mejor combustible que nos puede dar un buen pistoletazo de salida.
4. **Encontrar tu propósito de vida**, que además va muy ligado con nuestra **pasión**: aquello con lo que pierdes la noción del tiempo, con lo que podrías pasar horas y horas sin acordarte de comer, dormir o hacer tus necesidades más básicas, aquello para lo que leerías, verías o escucharías sin parar, o aquello sobre lo que te sorprendes en todas las conversaciones dando monólogos monotemáticos. ¿Lo tienes? Bien. Una vez encontrado, tienes que seguir los siguientes pasos en tu hoja de ruta:
    - Fijar tus objetivos para saber por dónde quieres llevar tus sueños.
    - Confeccionar el camino hacia tu meta, o minimetas.
    - Saber por dónde quieres llevar tu sueño.
    - Premiarte y felicitarte por tus logros.
    - Saber por dónde quieres ir para decir **«no»** cuando corresponda.
    - Poder poner los límites que te desvíen de tu camino.
    - Sentirte en plenitud y libertad en todo momento.
    - Ser feliz y tener completa satisfacción en tu vida.

PREGUNTA 5: ¿Qué debo hacer?

Más adelante, en el apartado de herramientas, te he dejado una relación de **acciones** para tu **día a día** para poder implantar unas bases sólidas y permanentes en tu vida y así poder cumplir todo lo que te ha llevado hasta aquí.

Son unas pautas basadas en la aceptación, el amor, el respeto, la reafirmación de uno mismo, la apertura y agradecimiento, con las que, llevadas día a día con constancia y dedicación, podrás tener resultados excepcionales en tu vida.

¿Sabes cuál es el peor riesgo de todo esto? Que toda la información que estoy compartiendo contigo en este libro quede simplemente en esto, en un libro. La información no llevada a la acción se queda como un libro más, abandonado en la estantería, que olvidamos fácilmente y se llena rápidamente de polvo. ¡No permitas que esto suceda! Si has llegado hasta aquí, comprométete en tu vida para que no vayan pasando libros y libros, sino que, si este libro te ha aportado algún clic para abrir tu conciencia y enseñarte alguna cosa que tengas que modificar, no lo dejes perder, y recuerda: el momento es **ahora**. No esperes a que ninguna somatización corporal o mental te empuje a hacer los cambios, la mejor acción es la de prevenir.

Así que: ¡TOMA LAS RIENDAS DE TU VIDA!

Te está esperando.

4. Pasos para la gestión de la vida a través del Método de Sanación SIC

Según decía Louise Hay: «Cuando hay un problema, no hay algo que hacer, hay algo que saber».

Particularmente, a esta frase me gusta añadir que hay algo que saber para después poder hacer. Porque ¿cuántas veces nos escondemos en nuestra vida? ¿Cuántas veces vamos ocultando nuestro verdadero ser para no sentir todo esto que he ido desarrollando en las páginas anteriores? Muchas veces, somos incapaces de reconocer lo que nos pasa o quiénes somos porque tendemos a escondernos tras la creencia general: «Es igual, no pasa nada». Y pasamos toda nuestra vida escondiéndonos de nosotros mismos. Por ello, tenemos que destaparnos y aceptar todo lo que hay y es una realidad en nosotros, para que con esto paso a paso podamos contarnos la verdad en todos los sentidos y tocar todos los palos, más o menos profundos, para aplicar la sanación y la gestión de nuestra vida tal y como queremos, tal y como nos merecemos.

Así que te presento un paso a paso, demostrado y aplicado en mis alumnos, en el que vemos cómo capa a capa vamos contándonos la verdad y destapando nuestro verdaderos ser. Porque igual de importante es saber quiénes somos, como quiénes no somos.

Estos cinco pasos completos son como cinco hilos que mueven los niveles FEM (físico, emocional y mental) a través de las heridas y las emociones, y que no voy a desarrollar más extensamente porque todo está explicado en los apartados anteriores. Solo te pido que abras tu mente, y aunque creas que no te estoy descubriendo nada y que tiene una lógica aplastante, es un paso a paso que, aplicándolo junto con las herramientas adecuadas, da resultado.

PASO 1: EL RECHAZO

En este primer paso, tenemos que entender primero que nada y principalmente cómo nos afecta la **herida del rechazo**. Si ves que es importante esta herida en ti, puedes utilizar diversas herramientas tanto conscientes como en el subconsciente para profundizar en ella. Es necesario que lo hagas porque de ello depende todo lo que vas a ver a continuación en este mismo paso.

En segundo lugar, observar cómo nos relacionamos con la emoción del **asco**, porque puede ir muy ligada a la misma herida que estamos tratando y muchas veces puede que provoquemos cierto rechazo en nuestro entorno o en nuestra vida en general.

Una vez analizadas y habiendo gestionado tanto la herida del rechazo como la emoción del asco, debemos profundizar en ciertos aspectos que nos acompañarán en los otros cuatro pasos y, en definitiva, en el transcurso de nuestras respuestas FEM: el **miedo** y todas sus variantes.

Como has podido observar, el miedo está muy presente en todas las heridas y en nuestra vida en general, porque además el miedo tiene muchas manifestaciones o máscaras; entre ellas, las más importantes son:

- El **ego**: esta máscara se alimenta del miedo de ser o no ser, de conseguir o no conseguir, de camuflar la imagen que somos y no queremos enseñar. Entender que el ego nos permite despertar nuestra esencia más natural con nuestra alma nos puede ayudar a comprender que cuando nos vemos utilizando esta estructura más egoica es para que veamos qué lección podemos obtener de ella.
- Las **creencias limitantes**: como hemos comentado anteriormente, las creencias limitantes son una manifestación del miedo colectivo o individual instaurado en nuestro ser. Saberlas reconocer y transformarlas puede llegar a ser una fuente de empoderamiento y expansión en nosotros mismos.
- Las **expectativas**: esta máscara del miedo nos lleva a esperar, y ya conoces el dicho: «Quien espera, desespera». Por ello, es importante ver la cantidad de cosas que esperamos de los demás, de las circunstancias, de nosotros mismos o incluso de la vida. Cuando te sor-

prendes desenmascarando las expectativas es cuando te permites soltarte, fluir sin esperar completamente nada y así poder tener una vida más activa en ti mismo, sin estar condicionado por los demás o el entorno. Mi lema es: 0 % expectativas, 100 % acción.

- La **comparación**: por el miedo a la exigencia, a ser mejor o peor, al juicio, al fracaso, al no reconocimiento y a muchas otras estructuras que hacen que nos comparemos constantemente. Es importante entender que la comparación no debe ser desde la exigencia o presión para ser o hacer en nuestra vida ya que, si no, el miedo ganará la batalla creando envidias insanas, alteraciones de carácter o autoexigencias que no forman parte de nuestra propia naturaleza. La manera correcta de utilizar la comparación es como fuente de inspiración para aprender y mejorar.
- Las **excusas**: por el miedo a hacer o ser algo, con ellas escondemos una forma de rechazo a ciertas personas o circunstancias. Cuando veas que la *excusitis* forma parte de tu vida, es importante, para que sepas qué hay detrás de ella, que comprendas qué miedo esconden y por qué evitamos actuar.

PASO 2: EL ABANDONO

En el segundo paso, en lo primero que nos vamos a centrar es en tomar como referencia la **herida del abandono**, y vas a repetir el mismo análisis del primer paso, es decir, si ves que es importante esta herida en ti puedes utilizar diversas herramientas tanto conscientes como en el subconsciente para profundizar en ella. Una vez más, es necesario que lo hagas porque de ello depende todo lo que vas a ver a continuación en este mismo paso.

En segundo lugar, y por orden de importancia, vamos a observar cómo nos hace sentir o nos afecta la emoción de la **tristeza**, y a darnos cuenta de todo aquello que hemos perdido en nuestra vida, ya no solo en lo material o personal, sino también respecto a ciertos conceptos que pueden ser muy importantes: la sonrisa, nuestra autoestima, un proyecto o deseo no alcanzado, etc.

Además, esta estructura de abandono y de tristeza nos lleva a ver **aspectos negativos** en nuestra vida o comportamientos que nos mantienen en un estado de dejadez o enfado, como son:

- Las **quejas** o las **críticas**: porque están alimentando de forma negativa tanto nuestro mensaje interno como externo. Es importante ver cómo nos hablamos, con el lenguaje y con el pensamiento, para evitar ciertos sustentos nocivos, aparentemente inocentes, pero con una fuerte implicación cuando hablamos de comportamientos que forman parte de nuestra negatividad.
- El **autoboicot**: tal y como hemos visto antes, tenemos mil estrategias para limitarnos o dejar de hacer cosas (entre ellas, la dejadez; o sea, nos abandonamos, lo que conlleva que perdamos oportunidades y nos sintamos tristes... ¿ves cómo se entrelazan todos los conceptos?). Por eso tenemos que evitar estructuras limitantes que condicionan nuestros actos, y el boicot o el sabotaje es uno de ellos.
- Cómo **afrontamos** los **problemas**: más que de problemas, a mí me gusta hablar de circunstancias por resolver (la palabra «problema» en sí ya nos deja un regusto negativo y poco favorecedor). Si en su lugar hablamos de circunstancias por resolver, podremos ver cómo los superamos o resolvemos desde un estado más tranquilo y beneficioso. Ver cómo resolvemos las circunstancias que necesitan de nuestra atención es clave para mejorar la forma de actuar en nuestra vida.

PASO 3: LA HUMILLACIÓN

En el tercer paso, en primer lugar entramos plenamente en la **herida de la humillación**. Quiero recordar en este punto que es la única herida que no tienen por qué tener todas las personas, así que hay que ver cómo nos afecta si ves que tú sí la tienes: repite el mismo análisis de los dos pasos anteriores, es decir, si ves que es importante esta herida en ti, puedes utilizar diversas herramientas tanto conscientes como en el subconsciente para profundizar en ella. Si, por lo que sea, ves que es una herida con la que no te identificas demasiado, te sugiero que dejes pasar un poco de tiempo y le vuelvas a dar una vuelta, ya que a veces tu mente puede refugiarse en el «Esto no va conmigo» y ser solo una evasiva para que no haga la pupita que esconde en tu interior. Si una vez dada una segunda vuelta ves que continúa sin surtir efecto, ¡felicidades!, solo tienes que tratar cuatro heridas. Si, por el contrario, ves que sí esconde algo que te relaciona con ella, ¡felicidades también!, la has podido sacar de su madriguera.

Una vez más, te recuerdo que es necesario que lo hagas, porque de ello depende todo lo que vas a ver a continuación en este mismo paso.

En segundo lugar, y como hemos estado haciendo en los otros pasos, vamos a ver cómo nos relacionamos con la **culpabilidad**, cuán culpables nos sentimos y por qué, para podernos dar cuenta de todo lo que nos pesa en la mochila que nos aplasta, todos los errores que condicionan nuestra libertad de ser.

A través de este paso y de la mano de la herida que le corresponde, es importante ver tres aspectos fundamentales que pueden llegar a relacionarse entre sí y son básicos en nuestra vida:

- La **autoestima**: estarás de acuerdo conmigo en que tener una alta o baja autoestima puede condicionar totalmente nuestros niveles FEM (físico, emocional y mental). La autoestima es el amor hacia nosotros mismos, así que yo te pregunto: ¿por qué buscamos incansablemente el amor de los demás y no nos planteamos el hecho de que los primeros que tenemos que amarnos somos nosotros mismos? Cuidar y respetar el amor hacia nosotros es crucial para no depender del amor o aceptación de los demás.
- La **confianza**: unida al concepto de seguridad, es una de las siete necesidades básicas de nuestra mente. La incerteza o inseguridad en nuestra vida puede dejarnos sobre una cuerda floja muy fácil de romper. Por ello, cultivar la confianza en uno mismo (prima hermana de la autoestima, con la que va de la mano) refuerza nuestro poder interior y nos aporta la fuerza necesaria para poder llevar las cinco capas de la Sanación SIC a otro nivel.
- La **vergüenza**: podríamos definirla también como una manifestación del miedo, ya que el concepto del «miedo al ridículo» va ligado a la vergüenza en sí. El qué dirán, cómo me mostraré, qué imagen trasmito, y otras cuestiones nos pueden conducir al miedo como

respuesta, a sentirnos humillados, y por lo tanto incrementará el desfavorecimiento tanto de nuestra autoestima como de la confianza en nosotros mismos.

PASO 4: LA TRAICIÓN

Como en los tres pasos anteriores, primero que nada, vamos a ver la base de este paso, que es la **herida de la traición**. Así que si ves que es importante esta herida en ti, puedes utilizar diversas herramientas tanto conscientes como en el subconsciente para profundizar en ella. Te recuerdo que es necesario que lo hagas porque de ello depende todo lo que vas a ver a continuación en este mismo paso.

En segundo lugar, y como hemos visto anteriormente, esta herida se relaciona con la **decepción** y la **desconfianza**; por ello, tenemos que hacer una valoración de qué, por qué, cómo, de quién han ido surgiendo estas emociones en nuestra vida.

Con todo lo expuesto anteriormente, me permito plantearte que la peor traición que podemos sufrir es la nuestra propia, siendo conscientes de la vida que llevamos y la que tendríamos que llevar. No podemos caer en el riesgo de ver que no estamos satisfechos con nuestra vida y no hacer nada para evitarlo. Por ello, hay ciertos conceptos que necesito exponer y proponer.

- El **porqué** y el **paraqué** vistos anteriormente, ya que necesitamos saber realmente qué mueve nuestro propio motor interno.
- El **propósito de vida**, para no caer en la tentación de llevar una vida que no nos satisfaga, porque con ello estaríamos incrementando la sensación de que no es traición de los demás, sino que somos nosotros mismos quienes estamos traicionando nuestros sueños, deseos, dones o facultades.
- **Vivir en el presente**, porque si nos anclamos en el pasado o en el futuro estaremos viviendo una vida no real: el pasado, porque se trata de un recuerdo, y el futuro, porque es una proyección o ilusión que todavía no se ha manifestado. Pues solo en el **ahora** podemos disfrutar y gozar de nuestra propia vida.

- La **gratitud**, agradecer, como hemos visto anteriormente, desde el corazón, poder dar las gracias a todo y a todos porque, sean como sean, y de la manera en que se presenten, forman parte de nuestra vida y, como te he ido exponiendo en todo el libro, llevan un mensaje oculto para nuestro aprendizaje y evolución. Así que dar las gracias por cada paso que la vida nos muestra, por todos los maestros disfrazados que llegan y se van de nuestra vida, y de todos sus detalles, por minuciosos que te parezcan, todo ello es importante en esta confabulación llamada **vida**. La gratitud te lleva a un estado de paz y plenitud que solo quien lo practica sabe disfrutar de todos sus beneficios. Por ello, no te lo pierdas, agradece, agradece y agradece.

PASO 5: LA INJUSTICIA

Y por último, primero que nada, te presento el quinto paso, basado en la **herida de la injusticia**. Por ello, y como en los pasos anteriores, si ves que es importante esta herida en ti puedes utilizar diversas herramientas tanto conscientes como en el subconsciente para profundizar en ella. Te recuerdo de nuevo que es necesario que lo hagas porque de ello depende todo lo que vas a ver a continuación en este mismo paso.

Ya hemos visto que la emoción que se relaciona en gran medida con esta herida es la **ira** o **rabia**; por ello, tenemos que observar cómo ese fuego interno se despierta en ciertas ocasiones y cómo gestionarlo para transformarlo en un aspecto favorecedor y que aporte acción a nuestra vida.

Por otro lado, podemos interpretar que la vida nos trata injustamente o no como quisiéramos. Para ello, una vez sabiendo cuáles son los motores que nos mueven (por qué y para qué) y hacia dónde queremos ir (propósito de vida), es la hora de introducir dos conceptos nuevos para ajustar la vida a lo que creemos que es justo o correcto para nosotros:

- La **abundancia**: no solo respecto al aspecto económico, sino también a la apertura a la prosperidad interna y externa: la económica, social, amorosa, laboral, familiar... y de nuestro propio ser como fuente de toda abundancia existente. Porque tal y como es dentro es por fuera.

Este concepto está muy relacionado con las ***expectativas***, que hemos visto anteriormente, y el ***merecimiento***. Según cuánto creas que mereces o no, estarás más abierto o cerrado a recibir, y repito, en todos los aspectos de tu vida.

- La **visualización** como fuente de creación. Seguro que conoces la famosa frase «Si lo crees, creas»; pues ahí está la clave. Con convencimiento y emocionalidad adecuadas, puedes proyectar en tu vida todo aquello que pase por tu mente. Porque la mente cree todo lo que le otorgues, sea cierto o no. Por ello, tienes que tener mucho cuidado con lo que pasa por tu mente: si pasan cosas negativas alimentadas por el miedo, así se manifestará en tu vida; si reflejas sueños, deseos y cosas positivas, con las técnicas adecuadas también pueden ser una realidad. Puedes ser creador de aquella vida que tanto ansías y deseas, así que: ¿por qué te detienes? Puedes crear la vida de tus sueños, ¡solo tienes que creértelo!

¿Qué te han parecido los cinco pasos de la Sanación SIC? ¿Te habías planteado la profundidad de todas las etapas llevadas a los cinco pasos y cómo puedes ver y descubrir todo aquello que se esconde en tu interior y que puede condicionarte y dañarte?

Este paso a paso que te he presentado está testado por los alumnos que pasan por mis formaciones, así que te puedo asegurar que, realizado de una forma correcta, constante y progresiva, funciona.

Una vez más, te invito a que, al terminar de leer este libro, no lo dejes olvidado en la estantería, sino que, si crees que es el momento y deseas hacerlo, trabajes en ello. ¿Por qué demorarlo? Cuanto más tiempo tardes, más tiempo tendrás que esperar para ver los resultados.

Por mi parte, deseo de todo corazón que, sin expectativas, puedas sacar provecho de toda esta información y también te funcione a ti.

HISTORIA DEL CAZO Y LA ESPUMADERA

(origen desconocido)

Érase una vez un alumno que le dijo a su maestro:

—Maestro, todos los libros que usted me dice que lea los leo todos, pero al cabo de dos días ya no me acuerdo de lo que he leído, y por este motivo creo que lo hago mal. ¿Me podría usted enseñar a leer correctamente para que pueda recordar lo que leo?

—Claro que sí, pero antes me gustaría que hicieras algo por mí.

—Lo que sea, Maestro.

—Quiero que vayas durante una semana, los siete días seguidos, al río, cada día, no quiero que te saltes ninguno, y lleves contigo un cazo y una espumadera. Una vez en el río, quiero que llenes el cazo de agua solo con la espumadera. ¿Lo harás?

—Sinceramente, Maestro, lo que me pide es imposible, ya que nunca voy a conseguir llenar el cazo.

—Quiero que hagas lo que te digo hasta que tú creas conveniente, cada día. Cuando lo hayas hecho, después te enseñaré a leer tal como me pides. ¿Estás dispuesto?

—Si usted me lo pide, Maestro, lo haré, solo porque quiero aprender a leer correctamente.

Cada día, el alumno iba al río con un cazo y una espumadera, se esforzaba por llenar el cazo de agua con la espumadera, insistía e insistía, pero no lo lograba. Pasadas unas horas de hacer y hacer, se iba y regresaba al día siguiente. Cuanto más pasaban los días, menos entendía qué tenía que ver lo que estaba haciendo con lo que le había pedido al Maestro: aprender a leer.

Al cabo de los siete días, el alumno fue en busca del Maestro, molesto porque pensaba que había perdido siete días de aprendizaje y un poco desesperado porque no había logrado meter nada de agua en el cazo durante los siete días.

—Aquí estoy, Maestro, tal como me pidió he ido cada día a llenar el cazo con la espumadera, pero no he conseguido nada. Lo siento.

—Querido alumno, dices que no has conseguido nada, pero en realidad has logrado más de lo que piensas.

—¿Cómo, si no he logrado introducir agua en el cazo, como me pedía?

—Dices que no lo has conseguido porque has mirado en la dirección incorrecta. El foco de atención lo tenías puesto en llenar el cazo de agua, ¿es así?

—Claro, Maestro.

—Nunca paraste a pensar que había otra dirección en que mirar: la espumadera. Día tras día, con tus intentos de llenar el cazo utilizabas la espumadera, que entraba y salía del agua sin parar. Por este motivo, y sin que tú te dieras cuenta, la espumadera se purificaba e iba ganando brillo. ¿Cierto?

—Supongo que sí, Maestro. No lo sé, porque no me he fijado.

—Eso mismo pasa con la lectura. No estás mirando en la dirección correcta.

—No entiendo lo que me dice, Maestro.

—Cuando lees, solo te fijas en lo que se queda, como en el cazo. Y no te das cuenta de todo lo que te aporta la lectura: ampliar el vocabulario, agilidad lectora, escribir y redactar con más fluidez, aumentar tu concentración, y muchas otras cosas más; en definitiva, sacas brillo a tu parte más lectora sin tener que retener lo que lees, como la espumadera. Y esta es la lección: no importa lo que leas o recuerdes de lo que has leído, importa cómo impacta en ti la lectura.

Muchas veces, nos quedamos solo con ciertos conceptos, lo que nos llevamos de lo que hacemos, y no nos damos cuenta de que todo aquello que sucede en nuestra vida (cuando leemos, escuchamos, vemos, degustamos o tocamos), si miramos en otra dirección, poco a poco da brillo a nuestra vida.

No permitas que te pase lo mismo en todo lo que hagas en tu vida y, en este caso, con este libro. Llegados a este punto, puede que pienses que no has retenido mucho de tantos conceptos que has leído, que ahora que estás casi al final ya no te acuerdas de lo que has leído al principio, o que no te va a servir de nada porque no estás dispuesto, sea como sea, a actuar.

Solo te pido que no te quedes con este diálogo interior, o mejor dicho, con el cazo, sino que entiendas que cualquier concepto, palabra, mensaje o aprendizaje que hayas encontrado en él ha podido impactar de alguna forma en ti, para hacer pequeños cambios internos que te hagan variar alguna cosa en tu vida, por pequeña que sea, y con ello le habrás dado un poquito de brillo. Y si crees que tienes que volver a leerlo, piensa que el brillo será mayor.

A partir de ahora no mires hacia el cazo, sino hacia la espumadera en tu vida.

HERRAMIENTAS

IMPORTANTE

«Un deseo no cambia nada; una decisión lo cambia todo».

Vuelvo a repetir esta frase porque me encanta, nos invita a actuar, a pasar de aquella parte más pasiva que explicábamos en la primera parte del libro, a activar nuestras acciones para salir de la zona de confort y permitir que en nuestros actos y decisiones podamos cambiar el resultado, ya que, como decía Einstein: «La locura es hacer lo mismo una y otra vez esperando obtener resultados diferentes».

Por ello, si quieres tener resultados distintos de los que has tenido hasta ahora, tienes que empezar a actuar y, sobre todo, hacer cosas distintas para que también cambie el resultado obtenido.

Por este motivo, en esta parte del libro me gustaría compartir algunas de las herramientas que se pueden utilizar para poder aplicar lo que has estado viendo, ya que, como he explicado al principio del libro: entendimiento sin acción no sirve de mucho.

Según el autor Jürgen Klarić, nuestro cerebro aprende de distintas formas y en diferentes grados:

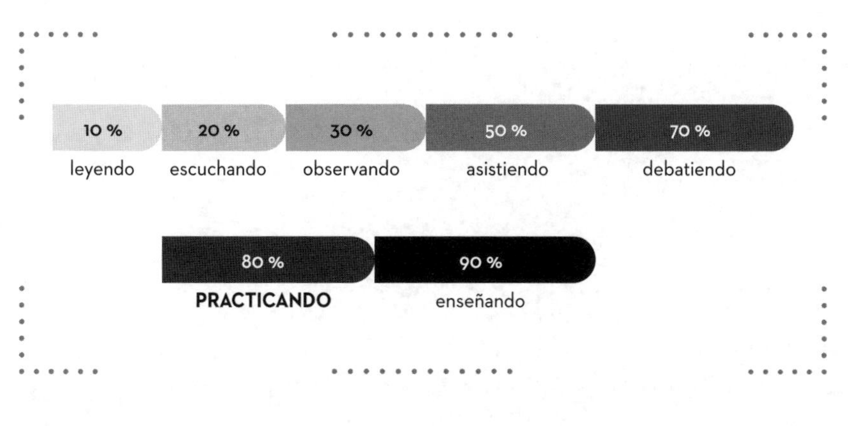

Tal como vemos, si no podemos enseñar, la otra mejor forma de aprender es practicando lo que leemos, escuchamos u observamos. Por este motivo considero importante, además de aportar información en el libro, dar alguna herramienta sencilla que te pueda llevar de la mano al aprendizaje y con ello a la sanación.

Sabiendo que nuestro ser está compuesto de diferentes cuerpos (físico, mental, emocional, energético y espiritual), podemos comprender que es importante tener herramientas de diferente índole para poder profundizar en diferentes cuerpos y que el aprendizaje sea complementario de unos a otros. Para ello, quiero separar varias formas en las que lo podemos trabajar, diferenciando herramientas que sacian:

- Cuerpo físico y mental: la consciencia (o sea, más desde la parte racional) y la observación.
- Cuerpo mental: acciones diarias y afirmaciones.
- Cuerpo emocional: herramientas de gestión.
- Cuerpo emocional y energético: herramientas del subconsciente.

Todo ello combinado te puede ayudar, junto con decisión, acción y constancia en todo el proceso de sanación y evolución.

1. Herramientas conscientes

En este apartado me voy a basar en la escritura, sea de la forma que sea, y para ello voy a compartir tres tipos de herramientas conscientes.

1. **Escritura terapéutica:** este simple y efectivo ejercicio consiste en sentarse delante de una hoja en blanco y dejar que el boli o lápiz se deslice sobre el papel. Muchas veces podemos notar que empezamos escribiendo sobre un tema y que poco a poco vamos desviando el hilo del argumento hacia aquello que tenemos más escondido o que sentimos como más carga. Esto yo lo llamo dejarse fluir por donde la mano nos quiera llevar, dejando que el discurrir de la escritura nos permita ver o reconocer algo que no vemos o que ocultamos detrás de otros razonamientos.
2. **Cartas:** otra de las herramientas bien conocida y que aconsejo enormemente es la escritura de cartas dirigidas a aquella persona, emoción, situación o cosa que sea el origen de nuestro malestar. Dichas cartas tienen que estar dirigidas directamente a lo que estamos tratando, no escribir cartas generales, sino concretando aquello que queremos vaciar emocionalmente. Y también puntualizaría que, aunque descarguemos toda la fuerza e intensidad emocional a que nos lleve la escritura, es importante acabarlas en positivo (gratitud y/o perdón) para que soltemos nuestro dolor interno y podamos llevar el trabajo desde el aprendizaje y desde el aportar en nuestra vida.
3. **Diarios:** En el mercado existen numerosos diarios con sus hojas en blanco para que llevemos nuestra propia pauta de escritura, e incluso diarios con un paso a paso más concreto para facilitarnos la escritura de lo que estamos trabajando. Los beneficios de escribir un diario son:

- Permitirnos crear un hábito a base de repeticiones diarias.
- Ayudarnos a organizar nuestro pensamiento a través de la escritura, puesto que traducimos lo que sentimos a razonamientos a través de las palabras y el orden entre ellas.
- Incentivar la observación interna sobre nuestras acciones y reacciones.
- Favorecer el conocimiento de nosotros mismos.
- Mejorar nuestra salud emocional, relacionada con la física y mental.
- Permitir contarnos la verdad en un entorno seguro, individual y confidencial.

Cuando unimos los conceptos de gestión con actividades de reconocimiento diarios nos permitimos ver qué está pasando en nuestro día a día sin caer en la trampa de que nuestro ego o subconsciente haga que nos olvidemos de ello, poderlo escribir con todos los beneficios que hemos visto anteriormente, poder llevarlo a otro nivel puesto que todo el proceso nos permite aprender de todo lo que nos pasa e incrementa nuestra inteligencia emocional a través de su gestión.

Por mi parte, y dentro de este apartado, pongo a disposición una colección de diarios que yo misma he confeccionado para que paso a paso lleven de la mano al lector en los siguientes temas:

- Diario de tus emociones.
- Diario de tus heridas de infancia.
- Diario de tu autoestima.
- Diario de tus creencias limitantes.
- Diario de tu visualización.

2. Herramienta de observación

Tal como compartí en mi primer libro, *Sanación motivacional*, la técnica de la observación atenta es muy efectiva, ya que prestando atención a los acontecimientos internos y externos obtenemos mucha más información de la que nos podemos llegar a imaginar.

¿Verdad que el agricultor sabe que va a llover antes de caer la primera gota de agua? El aire, la atmósfera, el olor o el vuelo de los pájaros son algunas de las señales de que dispone para saber que algo va a suceder.

De la misma forma pasa con nuestro interior: solo observando nuestras reacciones, palabras, pensamientos, emociones podemos extraer el contenido necesario para saber que hay más información de la que aparentemente podemos reflejar. Por ello, te animo a que observes todo lo que acontece en ti como muestra de lo que sucede en tu mundo interior, para poderlo gestionar antes de que el resultado te aleje cada vez más de ser tú mismo, o que el mismo resultado sea el origen de otras alteraciones o reacciones, creando un encadenamiento de sucesos incomprensibles para tu mente y tus respuestas emocionales automáticas.

Como herramienta de observación, te voy a mostrar un paso a paso que puedes tomar como ejemplo para ir entrando más en ti y descubrir lo que se esconde en cada situación. A partir de lo que te describo a continuación, sé libre de adaptarlo de la mejor manera a como sientas y creas que deberías hacerlo. Solo te pido que en este proceso abras tu mente, deja que el raciocinio descanse por un momento y siente más que piensa las cosas; solo cuando la mente se aquieta, las emociones y los estados internos se dejan escuchar con más intensidad, y este es el punto en que podemos obtener más respuestas.

- **Tómate un tiempo para ti**, en silencio, en conexión contigo mismo. Si te ayuda, cierra los ojos, respira lento y profundo y simplemente suelta tu cuerpo y tu mente para abrirte a un estado de relajación en todos los sentidos para ser lo más receptivo posible a la observación que vamos a iniciar.
- **Pregúntate** qué está pasando o sobre qué temática quieres enfocar tu observación. Saber el motivo es el primer paso, aunque a veces te pueda pasar que no sepas el porqué de un estado interno o un suceso. Por ello, también es importante ser consciente de que algo pasa y no podemos (todavía) ponerle nombre.
- **Observa en qué parte del cuerpo** te está afectando más el estado en el que te encuentras. Sabiendo o no el origen, permite que tome forma en ti: de qué forma te altera, cómo te está impactando, qué partes de tu cuerpo se ven alteradas, etc.
- **Enumera las limitaciones** que todo ello conlleva, o lo que es lo mismo, qué dejas de hacer o ser por lo que está sucediendo o estás sintiendo.
- **No te enjuicies**. Cuando veas que tu mente va a ponerte una etiqueta, culpabilizarte, menospreciarte o lo que tu charla interna te sugiera para empezar a examinarte, córtalo en seco, recuerda que es producto de tu mente y ahora no necesitas que tome parte en el proceso. Lo que te pasa o cómo te sientes es tuyo y tienes que permitírtelo sentir, sin juzgar, sin reducir su intensidad, cambiarlo u otras artimañas que la mente pueda utilizar para sacarte de este estado, que debes transitar para ir más allá de lo que te muestra.
- **Investiga qué se esconde**. Lo principal es ir desvelando todas las capas que se van ocultando detrás. A veces encontramos miedos, a una persona, una palabra, un pensamiento, pensamientos limitantes, una emoción que esconde otra, una herida encubierta, cualquier cosa puede esconderse tras una sensación, situación o emoción.
- **Siente cómo te sentirías si no estuvieses en este punto**. Imagina, anota, respira, siente o visualiza cómo te sentirías si esto no estuviera sucediendo. Ver la parte positiva después de la resolución

nos permite ver como puede ser nuestro estado para saber dónde está nuestro objetivo: sentirnos de esta manera.

- **Exprésate**: dibujar, escribir, moverte, bailar, saltar, chillar, cantar, tirar piedras a un río o mar... cualquier forma de expresión es buena para liberar aquello que sientas en ese momento. Puede que la forma de expresión cambie según el día, el momento o la temática, simplemente no te lo cuestiones, exprésate y hazlo con plena libertad.
- **Aprende y transforma**. Con todo lo visto anteriormente, podemos extraer información de qué tengo que hacer o ser para sentirme de forma diferente. Es el momento de ser conscientes y actuar para llegar a ese punto en que queremos estar. No te lo cuestiones, simplemente haz lo que tengas que hacer.
- **«Tiempo muerto»**: con estas palabras utilizadas en el básquet quiero que seas consciente en este momento de lo que acabas de hacer, liberar, dejarte sentir tu estado actual, simplemente tomar un tiempo fuera o de inactividad para observar todo el proceso que acabas de realizar.
- **Agradecimiento**. Dar las gracias es una de las partes más importantes para culminar el proceso. Agradecer tu momento, lo que se ha manifestado porque ha sido un maestro, lo que has encontrado escondido porque era uno de los orígenes de todo el proceso, tu capacidad de sentimiento, gestión y transformación, dar las gracias por poder sentir, expresar... por tener la elección y capacidad para escoger en todo momento.

  Dar las gracias por ser y estar en tu vida. No olvides que tú eres la parte más importante de todo este proceso y es necesario crear este espacio para darte el lugar que te corresponde.

Comparto lo expuesto anteriormente en formato de meditación por si quieres practicar desde un estado meditativo.

CÓDIGO QR

https://youtu.be/QmvuOCpDxmc

Meditación observación atenta. Practícalo con este código QR

3. Herramienta de acciones diarias. La repetición

Tomar consciencia cada día de realizar una serie de pequeñas acciones puede cambiar el punto de vista desde el que haces las cosas. Por ello, es importante crear el hábito de realizar todo aquello que nos aporta, para construir día a día nuestra realidad desde la parte más positiva, equilibrada y sanadora posible.

Por este motivo comparto varias de las acciones diarias que pueden ir bien para esta finalidad, esperando que refuercen todo lo que has visto en el libro. A partir de aquí, deseo que te puedas inspirar para llevar a cabo tus propias acciones según tus necesidades o deseos.

Descubrirás que todas las acciones mencionadas llevan un (TE) detrás, ya que considero que es importante hacerlo para ti y para tu entorno, o lo que es lo mismo, de forma interna y externa.

1. **Aceptar(te):** lo que pasa es lo que tiene que pasar.
   - Sé protagonista y a la vez espectador en tu vida.
   - Entiende que todo lo que llega se va.
   - Convéncete de que eres lo más valioso de tu vida.
2. **Querer(te):** incrementa tu autoestima (seguridad, confianza y vergüenza).
   - Cuida tu imagen y salud para sentirte bien contigo mismo.
   - Piropéate en el espejo, no esperes que nadie lo haga por ti.
   - Transforma tu charla interna mental de una forma positiva y constructiva.

3. **Respetar(te):** sabe ser tú mismo y sé fiel a ello.
    - Conóce(te) a todos los niveles.
    - Cuénta(te) siempre la verdad.
    - Pon límites para no ser invadido.
4. **Reafirmar(te):** incrementa tu poder interno.
    - Empodérate cada día.
    - Actúa para incrementar tu energía vital.
    - Haz en tu vida con convencimiento y determinación.
5. **Abrir(te):** a la abundancia en todos los sentidos.
    - Siéntete merecedor de todo lo bueno que te pueda suceder.
    - Cuida el autosabotaje.
    - Practica la visualización como método de creación de tu realidad.
6. **Agradecer(te):** en todo momento y todo lo que suceda en tu vida.
    - Da las gracias cada día.
    - Agradece tus errores porque se convierten en aprendizajes.
    - Da las gracias a todo y a todos por ser una realidad en tu vida.

Recurso de la repetición

Dentro del apartado mental, una de las herramientas o estrategias para llevar a cabo a diario; que considero más potentes es la de la repetición a través de las **afirmaciones**. Estas pueden ser de diferentes estilos o temáticas, según el propósito que queramos conseguir con ellas.

Consiste en la repetición de una palabra o una frase con unas características concretas para instalar mediante la repetición un mensaje en tu mente y ganar la credibilidad necesaria para que lo interprete como una realidad, y conseguir así que sea la base de tus creencias y/o pensamientos.

TIPOS DE AFIRMACIONES

- Afirmaciones positivas.
- Afirmaciones para la mañana.
- Afirmaciones del «Yo soy».
- Afirmaciones de empoderamiento.
- Afirmaciones de atracción.
- Afirmaciones motivadoras.
- Afirmaciones para mejorar la autoestima.
- Afirmaciones para bajar de peso.
- Afirmaciones para el merecimiento.
- Afirmaciones del miedo.
- Afirmaciones de liberación.

- Afirmaciones para actuar.
- Afirmaciones transformadoras.
- ...y un largo, largo, etcétera.

CARACTERÍSTICAS DE LAS AFIRMACIONES

1. Deben estar en tiempo presente (ni pasado, ni futuro, ni condicional).
2. Utilizar la primera persona del singular («yo»).
3. Positivas, o sin utilizar estrategias negativas.
4. Empoderadas.
5. Con el lenguaje propio de la persona que lo vaya a repetir.

EJEMPLOS

- *Me amo.*
- *Me acepto.*
- *Soy lo mejor de mi vida.*

FORMAS DE UTILIZACIÓN

- Repetición en voz alta y con la emocionalidad correspondiente.
- Siempre que se pueda, mirándonos en el espejo y a los ojos para que el mensaje llegue con una intensidad más profunda y creíble.
- Te puede servir: grabarlas en tu móvil o en una grabadora para escucharlas en modo bucle en cualquier momento del día.
- Repetición de, al menos, una vez al día durante 21 días, aunque cuanto más puedas practicar diariamente las repeticiones más intensidad y beneficios vas a obtener.
- Recuerda que, aunque al principio te dé vergüenza o te cueste hacerlo, es un ejercicio totalmente regenerador y transformador para tu mente. Es cuestión de práctica y repetición.

Aparte de las afirmaciones, hay otra herramienta en el campo de la repetición muy potente: los **mantras**. El término proviene del sánscrito y podría traducirse como «instrumento mental».

Consiste en una palabra o un conjunto de ellas, como una oración corta, que se canta o se recita. Su repetición otorga beneficios psicológicos y espirituales, ya que se puede considerar también un método de meditación.

El propósito de practicar estas repeticiones es centrar tus pensamientos o emociones para conseguir armonía y control sobre ti mismo a través del mantra. También, y lo más importante, es dirigir el aire y la energía mediante la vibración de la repetición hasta la glándula pituitaria, también llamada «glándula maestra» ya que controla el resto de glándulas del cuerpo, además de que está relacionada con el Tercer Ojo, que te permite aumentar tu percepción de la realidad.

Según la intención, la credibilidad y el poder que otorgues al mantra puedes luchar contra el mal, curar enfermedades, encarar la adversidad y obtener un mejor poder hacia ti mismo.

Se aconseja:

- Escoger un solo mantra y utilizarlo durante 21 o 40 días.
- Practicarlo, al menos, dos veces al día, recomendando hacerlo siempre que se pueda.
- Cuando se hagan las repeticiones, enfocarse en el presente.
- 108 veces es el número mágico para la repetición de los mantras.
- Intentar, siempre que sea posible, pronunciar el mantra lo mejor posible.

Los mantras más conocidos son:

- **Om**: mantra primordial, es la semilla de todos los mantras, es la invocación a la divinidad y la unificación con el mundo. Simboliza lo infinito, lo perfecto y lo eterno.
- **Om Mani Padme Hum**: invoca la sabiduría esencial, la unión con el universo y también la compasión del propio Buda. Es uno de los más recurrentes para purificarnos, alcanzar la sabiduría, la bondad y la unión absoluta con el universo.

- **Om Namah Shiva(Ya)**: dedicado al Dios Shiva, creador, destructor y regenerador del universo. Se utiliza para convocar el bienestar y la felicidad, ya que libera los aspectos ilusorios del ego, permitiendo revelar nuestra verdadera naturaleza interna.
- **Gayatri Mantra**: es uno de los más antiguos, y su traducción podría ser 'Tierra, Cielo, Paraíso, dios Sol, inteligencia adorable, en tu luz medito, nos alegramos de estar en tu luz'. Puede utilizarse como protección o para entrar en estados ampliados de la conciencia.
- **Om Shanti Om**: el mantra de la paz en el hinduismo. Se utiliza para lograr un estado de relajación profunda, elevar la conciencia y crear paz en alguno de los niveles de nuestro ser: cuerpo, emoción o mente.
- **Sat Nam**: significa 'Llamo a la verdad' o 'La verdad es mi identidad'.
- **So Ham**: significa 'Yo soy', y es el mantra más conocido en meditación. No se refiere a la parte del ser desde el ego (lo que pensamos que somos), sino de la parte eterna que somos, el espíritu.

Otra manera de utilizar la repetición es creando nuestro propio mantra, como en las afirmaciones: en primera persona, tiempo presente, con nuestro lenguaje y afirmativo. Por ejemplo: «Yo soy; creo en mí»; «No tengo miedo», «Me amo», «Estoy bien», «Soy luz», y un tan largo etcétera como tu imaginación y creatividad te sugieran.

4. Herramienta de gestión

La herramienta de gestión que quiero compartir es el **poder de las preguntas**: porque *preguntando se va a Roma* (o, en este caso, hacia nuestra verdad). Para hacer este ejercicio correctamente, hay que tener en cuenta:

- **Importante:** ser sincero con uno mismo.
- No querer ocultar el dolor interno, todo lo contrario, expresarlo para poderlo liberar.
- Llorar no es de débiles, sino de valientes.
- Aunque no veas la parte positiva, sí existe.
- La aceptación de corazón es la mejor rendición.
- Dar las gracias a todo lo que te ha llevado al dolor es la mejor herramienta para el perdón (no es por culpa de, sino gracias a).
- Y recuerda, tu verdadero **yo** te está esperando.

PREGUNTAS QUE HACER

- **¿Qué?** Explica el hecho.
- **¿Quién?** Explica la persona que te lo ha presentado y por qué te afectó siendo esa persona.
- **¿Cómo ha afectado a mi emocionalidad?** Cómo te sentiste, explora en tus emociones.
- **¿Cómo he cambiado o qué he aprendido con esto?** Explica la lección oculta o los cambios que te han permitido crecer como persona.
- **Perdonar y perdonarte**. Cuando ves la parte buena de la situación, ya puedes hacer un pacto de perdón y gratitud con lo sucedido.

5. Herramienta del subconsciente

Para poder llegar a todas aquellas partes de tu mente que están más ocultas y a las que con pensamientos o recuerdos no puedes llegar, utilizamos algunas técnicas, algunas de mayor o menor complejidad, profundidad e intensidad.

Una de ellas es la **interpretación de los sueños**, una práctica que planteó Sigmund Freud en el psicoanálisis, para volver conscientes los pensamientos, recuerdos y deseos del inconsciente, para que nos podamos conocer mejor o recibamos algún mensaje necesario para nuestro desarrollo personal.

Cada sueño tiene un mensaje oculto que brota de lo más profundo de nuestro ser. Freud defendía que durante el sueño es cuando nuestro inconsciente se libera, siendo un reflejo y una conexión con la realidad, proceso que nos puede ayudar en momentos de crisis existencial o gestiones emocionales que precisen tomar decisiones.

Por ello, soñar que caes, que estás con tu exnovio, con algún tipo de animal, o que te sucede aquello que más miedo te da, por ejemplo, puede albergar más simbología de lo que puedas llegar a imaginar. Si además lo puedes asociar con lo que esté pasando en tu vida o lo que anhelas, puedes interpretarlo como un mensaje de tu ser supremo que necesitas recibir.

Por otro lado, puedes trabajar con **arquetipos**, que según el psiquiatra, psicólogo y ensayista Carl Gustav Jung, son patrones o imágenes arcaicas universales de los cuales derivan otros elementos o ideas, y pueden ser físicos o simbólicos. Estas imágenes, consideradas energía en movimiento, están creadas desde la energía de lo Inconsciente Colectivo; cuando las observas, te trasmiten dicha energía para conectar con tu sabiduría interior, y conectando con tu consciente e inconsciente permiten transformar o corregir estructuras internas que precisen de alineación y equilibrio.

Bajo mi experiencia personal, si estos arquetipos los acompañamos con mantras, cánticos o una música específica mientras los observamos, podemos llegar a multiplicar sus beneficios.

Y por último, en el apartado tanto del subconsciente como de las herramientas, quiero entrar en el mundo de la **meditación**, o lo que es lo mismo, sumergirte en tu mundo interno para observar el presente más genuino sin juzgar, desde el amor y la bondad. Podría ser más extensa en esta temática, pero voy a reducir la información para que sea eso, una herramienta a tener en cuenta y para que la practiques.

Múltiples son los beneficios conocidos de la meditación, y a todos los niveles, entre los que voy a destacar solo algunos de ellos, porque meditar aporta:

- Tranquilidad y relajación mental. Permite controlar o silenciar los pensamientos para que no nos dominen y podamos desarrollar la **paz interior**, reduce el estrés y la ansiedad, el nerviosismo y la depresión.
- Consciencia, para evitar que las emociones o situaciones nos dominen.
- Relajación física, reduciendo la tensión corporal; así estamos en perfecta armonía con nuestro cuerpo, desapareciendo los esfuerzos innecesarios.
- Desarrollo de la memoria. Aumenta la concentración y ayuda a estar en el momento presente.
- Autocomprensión, autocompasión y perdón.
- Desarrollo de la creatividad. Vemos con mejor claridad y facilidad hasta niveles de inconsciencia para poder ser mejores y con más ideas fluidas.

En definitiva, la meditación nos aporta serenidad y lucidez tanto mental como física y emocional. Con ella también podemos hacer trabajos de sanación para entrar en nuestras profundidades y, desarrollando dicha compasión y amor hacia nosotros mismos, transformar aquella brecha que nos separan de nuestro verdadero ser.

En este libro, y para la temática que nos concierne, voy a compartir contigo una meditación guiada, creada para llevarte de la mano en tu Sanación SIC.

¡Deseo que la disfrutes!

CÓDIGO QR

https://youtu.be/CKyys26dsuA

Meditación Sanación SIC. Practícalo con este código QR

ACLARACIONES

1. Visión de nuestra vida

En la parte final del libro me gustaría compartir una reflexión que, tanto en las sesiones terapéuticas como en las formaciones, me ayuda a explicar el sentido de nuestra vida, el apego/desapego y el cómo tenemos que priorizarnos ante nuestro entorno.

Estarás de acuerdo conmigo en que tu vida es solo tuya, de nadie más; los pensamientos están en tu cabeza, tú eres el que sientes tus emociones, incluso aquellas que te cuesta compartir; las sensaciones sentidas, la elección final de tus decisiones son tuyas, ¿verdad? Entonces, ¿por qué continuamos constantemente dependiendo de lo que los demás digan, lo que esperan o incluso priorizamos sus vidas frente la nuestra? Voy a explicártelo de la forma más gráfica que he conseguido hasta el momento:

Si yo te preguntara qué forma tu vida, quizás me responderías que papá, mamá, tu pareja, tus hijos, los amigos, el trabajo, y muchas otras cosas más. De manera que tu vida está formada por mil y un aspectos que no dependen de ti, sino que están en tu entorno. Más o menos así:

Según este esquema de tu vida, ahora yo te pregunto: ¿qué pasa si tu pareja desaparece por el motivo que sea? Habrá un aspecto que formaba tu vida que quedará vacío o desamparado, ¿cierto? Te lo muestro gráficamente:

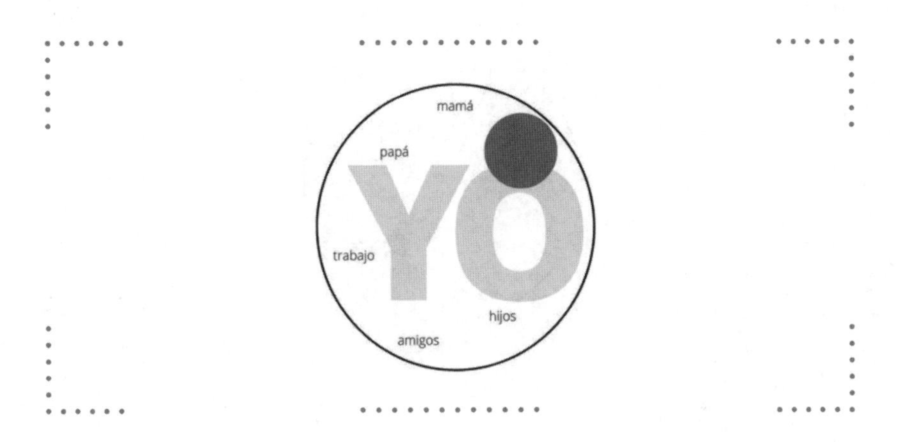

Sientes que te falta algo en tu vida, e incluso se puede crear la sensación de vacío en ti, y estarías en lo cierto, porque una parte que formaba tu vida ha desaparecido. ¿Y si en el proceso de tu vida, además, desaparece mamá o tienes un conflicto con ella?

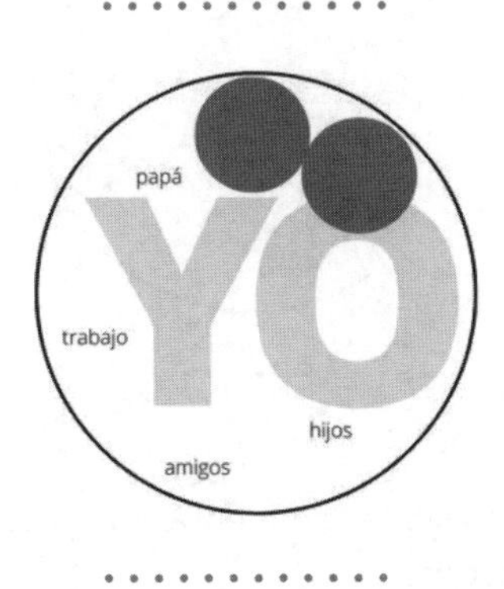

Puedes llegar a sentir que te falta algo importante, estás teniendo pérdidas internas porque de alguna manera estos dos elementos de tu vida forman parte de ti y ya no están, por lo que no estás completo.

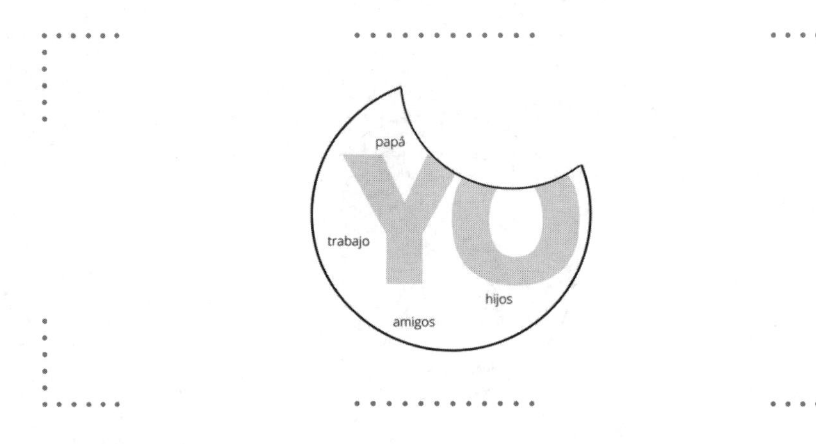

¿Y si perdemos el trabajo o este no nos satisface?

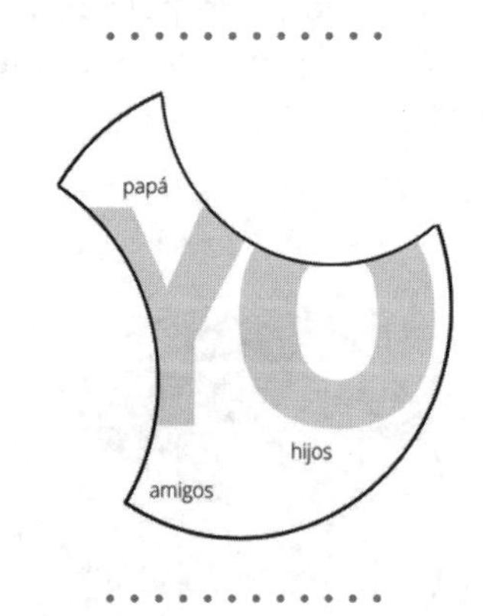

Cada vez nos vamos sintiendo menos completos y realizados, vacíos, frustrados, decepcionados.

¿Por qué permitimos esta estructura de sustento en nuestra vida? Porque en todo aquello en que nos sentimos carentes buscamos la compensación con nuestro entorno. Me explico: ahora imagínate que no tienes seguridad en ti, y encuentras a una pareja o a alguien que puede desarrollar este rol en tu vida, que transmite seguridad o que incluso hace que incremente la seguridad en ti. No es que tú tengas seguridad, pero como careces de ella por las circunstancias que sean, dicha persona llena este vacío. Al desaparecer esta persona de tu vida, vuelves a sentir dicha carencia de seguridad en ti, y por ello la pérdida ya no es solo de la persona, sino de lo que ella te aportaba. Entonces, ¿estabas con esa persona por ella misma o por lo que te aportaba? ¡Ah, recuerda que tienes que contarte la verdad!

En este caso puedes observar cómo el apego a tu entorno es un pilar importante para tu vida, para completarte, aunque esto te lleve a depender totalmente de ellos y sufrir por cualquier amenaza de pérdida que puedas tener.

Veamos ahora otra forma de ver tu estructura vital. Estarás de acuerdo conmigo en que lo más importante en tu vida eres tú, entonces tú ocupas el papel principal y central de tu vida y el resto son los personajes secundarios y tienen que estar en un segundo plano, o en el mismo pero desapegados de ti, algo como así:

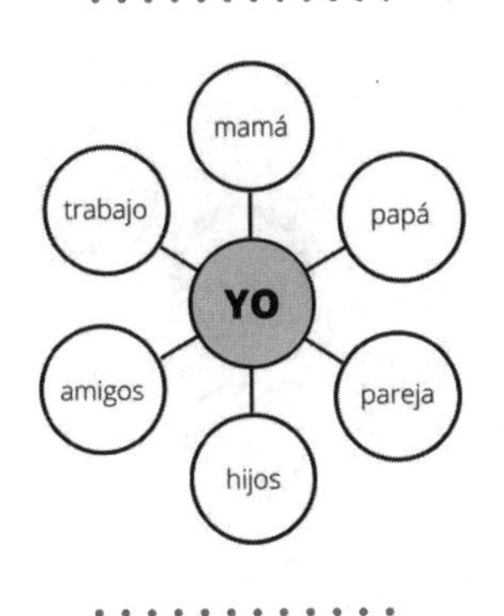

Tú ocupas un lugar privilegiado en tu vida y desde allí te relacionas con tu entorno. Esta es tu casa, tu hogar individual que solo tú puedes ocupar.

Volvamos al ejemplo de antes; desaparecen tu pareja, tu mamá y tu trabajo:

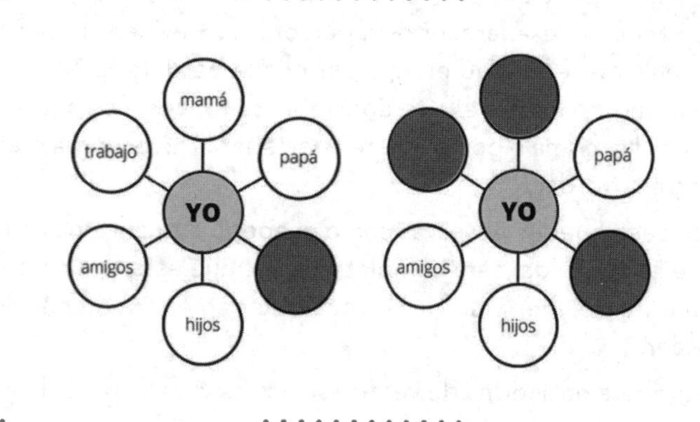

¿Qué pasa con tu **yo**? Nada, continúa estando entero.

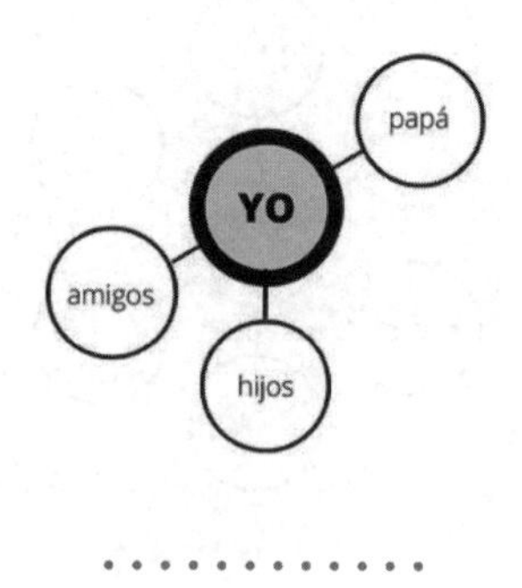

Wow, qué descubrimiento, ¿verdad? Podemos estar enteros en nuestra vida viviéndola, disfrutando de ella sin aferrarnos a nuestros vacíos o carencias internas, simplemente porque no son reales en nuestra vida, sino compensaciones o apegos porque no tenemos una estructura bien definida de nuestra individualidad. Vamos a analizar un poco la imagen de la formación entera de nuestra vida:

Como hemos visto anteriormente, no se trata de que todo lo que sucede en nuestra vida «forme» nuestra vida, sino que la **complementa**. Ahora estoy con el complemento de mi pareja, después voy con el complemento de mi familia y mañana estaré con el complemento de mis amigos. El punto de unión de todo ello es que soy **yo** el que me muevo con los complementos, no son los complementos los que me hacen moverme a su antojo, o ejerciendo un dominio sobre mi propia vida, perdiendo totalmente el control de ella. ¿Se entiende?

Independientemente de mí, todos estos complementos de mi vida tienen sus propios complementos, lo que hace que no seamos nosotros los personajes principales de sus historias, sino que nosotros somos el personaje principal de nuestra vida y formamos parte de los complementos de nuestro entorno, convirtiéndonos en personajes secundarios.

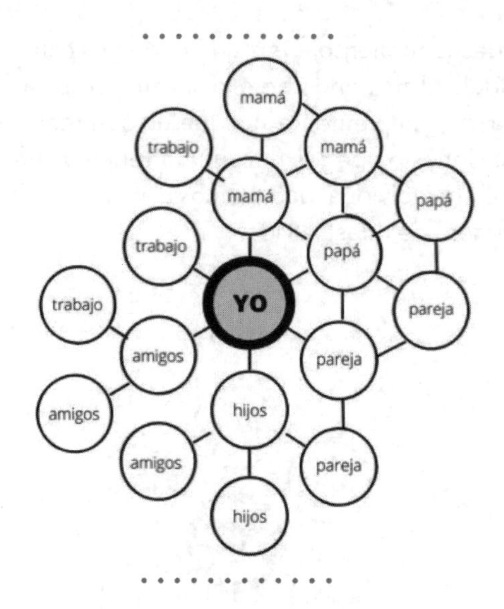

Aquí **yo** soy el protagonista de mi historia.

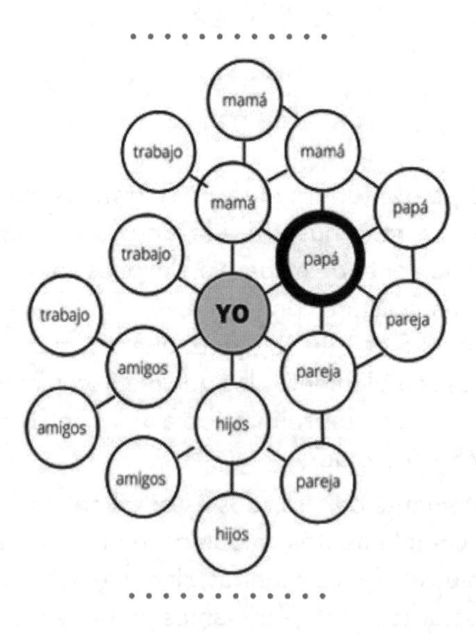

Aquí **yo** soy un personaje secundario de la historia de papá.

Solo somos personajes principales de una historia: la nuestra, y, lo más importante, esta historia solo tiene un protagonista: **nosotros**.

Las líneas que he dibujado en nuestra flor de estructura vital son las relaciones que tenemos con cada uno de nuestros complementos, las emociones y experiencias que vivimos con cada uno de ellos. Y precisamente eso es lo que da fuerza o intensidad a cada uno de nuestros complementos. No vivimos ni sentimos lo mismo con un hijo que con un amigo, con papá o mamá que con nuestra pareja. Y ahí radica la exclusividad de las relaciones con nuestros complementos de vida, no lo que forma nuestra vida.

Ahora te pregunto: ¿qué pasa cuando estás en tu casa y suena el timbre de la puerta de entrada? Seguramente preguntarás o mirarás por la mirilla para saber quién es y, en una milésima de segundo, decidirás si abres la puerta o no. ¿Por qué no hacemos lo mismo con nuestros complementos? ¿Por qué no nos paramos a pensar si en ese momento queremos estar, sentir o compartir un tiempo dado en nuestra vida? ¿Por qué cuando tenemos a una persona o relación tóxica o que nos daña no damos el portazo cuando se nos antoja?

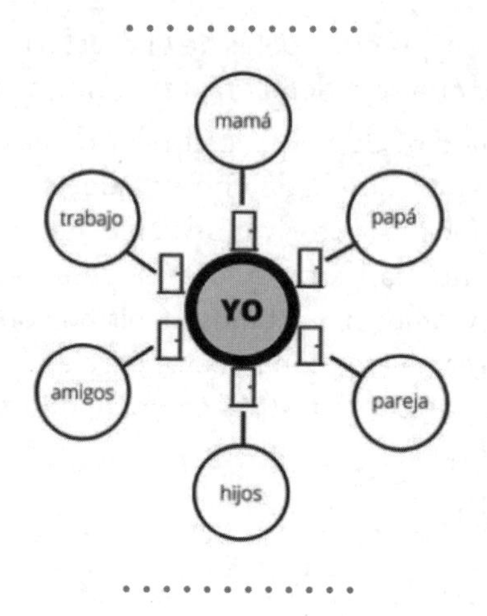

Nuestro **yo** es nuestro hogar, lo tenemos que cuidar, mimar, proteger, respetar y mantener como nos merecemos. Por ello tenemos que aprender a poner límites y desapegarnos de nuestro entorno para proteger nuestra individualidad e integridad.

No dejes que tu vida sea un saco donde entra todo y te aleja de ti mismo,

sé el centro de tu propia flor, disfrutando de ser tú mismo y de tu entorno.

2. El poder de la interpretación con una imagen

3. Las máscaras

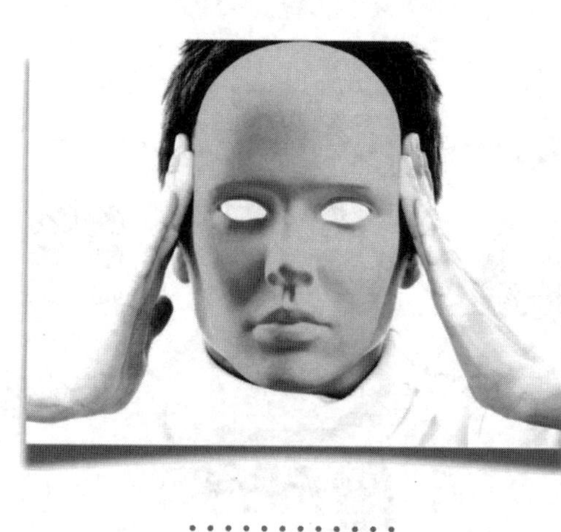

Toda máscara, tal y como la conocemos, está formada por tres partes o formas de verla:

- La parte frontal, la imagen que damos al mundo, que no tiene nada que ver con la posible realidad de nuestra vida.
- La parte interna, la que queda entre la parte que enseñamos y nuestra cara, y representa la parte que queremos mostrar al mundo, que puede que no sea la que llegue en realidad como percepción externa.
- Nuestra cara, nuestra realidad, lo que nos pasa por dentro, y que queda muchas veces escondida debajo de las otras dos capas anteriores.

Es importante ser conscientes de estas tres facetas, ya que las utilizamos constantemente en nuestra vida y son la clave para saber y reconocer quién soy, quién muestro ser y qué se recibe de lo que soy.

PARA FINALIZAR

Reflexiones finales

Muchas veces no actuamos o tomamos decisiones en nuestra vida porque o bien no sabemos, o bien tenemos esa falsa seguridad que nos mantiene en la zona de confort (o *low-cost*), y ello hace que nos quedemos anclados en una vida que no nos es del todo cómoda o confortable, porque creemos que simplemente es así. Los estímulos, las acciones, reacciones, pensamientos, creencias, elecciones, emociones, decisiones... nos llevan por un camino que inconscientemente nos involucra en un dolor interno o unas experiencias que nos alejan de nuestro verdadero ser.

También puede pasar que no nos hayamos planteado si realmente vivimos la vida que queremos o nos gustaría, sino que vivimos con el piloto automático creyendo que la vida es eso, sufrimiento o el formar parte de un colectivo que tiene el derecho de manejar tu vida (con o sin permiso).

Puede que pienses que no sabes por dónde empezar, que ya te está bien vivir con el piloto automático, que eres la oveja negra y no se puede remediar, que tu vida ya no tiene sentido, que es tarde para cambiar, que ya te está bien teniendo una vida mediocre, que no eres capaz, cómo vas a hacer cambios si ni tú mismo te entiendes, y un largo etcétera. Por ello es importante saber, observar, aceptar y actuar en nuestra sanación, porque nuestra vida es el principio y el final de todo, porque somos los protagonistas de nuestra propia historia y, desgraciadamente, nadie lo hará por nosotros. Las dificultades nos ayudan a crecer, aprendamos de ellas para dar ese impulso que necesitamos en nuestras vidas. Por muy complicada que sea la nuestra, los demás no lo van a solucionar, y si no nos ponemos nosotros en acción nos arriesgamos a que se nos escape el tren.

Todo lo que hemos visto influye directamente en nuestra vida a nivel de salud física, mental y emocional. Hipócrates ya lo decía: «Las fuerzas naturales dentro de nosotros son nuestra verdadera cura de la enfermedad». Muchas veces nos basamos en el exterior, en lo que haré o qué imagen brindaré a mi entorno o a la sociedad, cuando la clave siempre reside dentro de nosotros; en la medida en que gestionemos y conozcamos los hilos internos que nos manejan, podremos curar cualquier enfermedad, sea del ámbito que sea.

Recuerda que: un deseo no cambia nada, una decisión lo cambia todo. Y tengo una noticia que darte: todo este proceso depende de ti y solo de ti.

¿Sabes cuál es uno de los cinco arrepentimientos más comunes que se producen antes de morir? No haber hecho nada por cambiar nuestra vida.

Puedes pensar que llevas una vida estupenda, que te sientes bien, que tus relaciones son buenas, que tienes buena salud, familia, economía... pero cuando paras en algún momento de tu vida y lo reflexionas **contándote la verdad**, a lo mejor te sorprendes pensando que no es la vida que esperabas o te gustaría llevar, a lo mejor existen algunas cosillas que te gustaría cambiar pero que nunca antes te habías parado a analizar, dándote la oportunidad de saber si realmente te sientes cómodo o no en tu vida.

Llegados a este punto, te pregunto:

- ¿Qué pasaría si entendieras todo lo que te condiciona o te limita? ¿Cómo podría cambiar tu vida?
- ¿Qué pasaría si supieras gestionar tus emociones, si supieras reconocerlas y aprender de ellas?
- ¿Qué pasaría si pusieras límites en tu vida? ¿Cuán diferente sería?
- ¿Qué pasaría si pudieras aumentar tu autoestima y empezaras a tener más seguridad contigo mismo?
- ¿Qué pasaría si con tu verdad empezaras a llevar la vida que siempre has soñado o que siempre te hubiera gustado?

Entonces, ¿por qué quedarte en el 50 % de la sanación? ¿Por qué no acometer una acción verdadera para subir otro peldaño e ir más allá?

Tenemos que empezar a hacer cosas distintas para tener resultados diferentes, ya no vale lo de siempre, no vale con lo que hemos hecho en nuestra vida, sino que tenemos que aprender a hacerlo de manera diferente para que, si nos sale bien, genial, y si no, podamos aprender. No existe el fracaso: o tenemos éxito o aprendemos a hacerlo de diferente manera, con aprendizaje y repetición, cada acción nos aproxima cada vez más al éxito.

Tal y como te he ido repitiendo, no permitas que este libro se quede como un libro más en una estantería, porque no es lo mismo que te cuenten las cosas que vivirlas y experimentarlas en primera persona. Y para ello no hay otra que actuar. Es importante dar el primer paso para ir más allá de lo de siempre, de lo que se espera, de lo que te cuentan; no consiste solo en saberlo o tener la información, tenemos que bajarlo más, tenemos que llegar al 90 % para la liberación.

Y para ello hay que contarse la verdad, tenemos que ser sinceros con nosotros mismos, dejar de escondernos, coger las herramientas y ser los arquitectos de nuestra vida. Da igual cómo o por dónde empieces, lo importante es dar el primer paso, hacer ese pacto de humildad contigo mismo para hacer lo que haya que hacer para que tu vida merezca claramente la alegría, para que en tu último suspiro digas: «Olé yo, lo cambié y lo hice a mi manera».

Conoce tu verdadero yo, la esencia más pura en ti, sin condicionantes ni limitaciones, sin nada que pueda manipular de ningún modo al protagonista de tu verdadera historia.

LA ANCIANA QUE BUSCABA UNA AGUJA

(fábula budista)

Érase una vez una anciana muy querida en su poblado, cuyos habitantes acudían a ella para contarle sus problemas y pedirle consejo, porque siempre daba buenos consejos.

Un día, los vecinos vieron a la anciana buscando algo en la calle con desesperación. Las personas que la vieron se acercaron y le preguntaron:

—¿Anciana, qué es lo que ha perdido? Vamos a ayudarla a encontrar sea lo que sea que esté buscando.

La anciana se volvió hacia ellos y les dijo:

—Oh, muchas gracias por vuestra amabilidad. Se me cayó una aguja.

Los vecinos se llevaron las manos a la cabeza, puesto que era muy difícil encontrar una aguja en aquella calle, que era una de las principales del poblado.

—Será difícil, pero la vamos a ayudar —contestó uno de los vecinos.

Entonces todos empezaron a buscar la aguja, pero no encontraban nada. Cuando empezaban a estar cansados, después de mucho buscar por todos los rincones de la calle, otro vecino le preguntó:

—Anciana, ¿no recuerda por qué zona de la calle se cayó la aguja? La calle es muy larga, y eso nos ayudaría a acercarnos más a nuestro objetivo. Además, está a punto de anochecer y ya no tendremos luz para buscar.

A lo que la anciana se le quedó mirando tranquilamente y respondió:

—Oh, el caso es que la aguja no se me cayó en la calle, sino dentro de mi casa.

Los vecinos la miraron asombrados, y continuaron diciendo:

—¿Cómo? ¿Por qué estamos buscando la aguja en la calle si sabe que la tiene en casa?

A lo que la anciana, levantando la mirada lentamente y gran calma, respondió:

—Es cierto, y eso mismo me pregunto yo... No sé por qué siempre buscáis la felicidad en la calle y lejos de vosotros, en lugar de buscarla donde la perdisteis... en vuestro interior.

Y sonriendo, la anciana se dio media vuelta y entró en su casa, dejando una profunda reflexión en todos sus vecinos.

Moraleja

No busques fuera lo que solo puedes encontrar en el mejor sitio que existe: tu interior. Si estás buscando la felicidad, no la busques lejos de ti, porque la perdiste dentro.

Curiosidad sobre el libro

No sé si te has dado cuenta de que durante todo el libro se ha ido repitiendo el número cinco. Quiero que sepas que no ha sido intencionadamente, sino que ha ido saliendo así mientras lo iba escribiendo.

- **Cinco** etapas de la Sanación SIC.
- **Cinco** capas de la Sanación SIC.
- **Cinco** heridas de infancia.
- **Cinco** emociones limitantes.
- **Cinco** puntos para la buena gestión emocional.
- **Cinco** preguntas de aplicación de la Sanación SIC.
- **Cinco** pasos para la gestión de la Sanación SIC.
- **Cinco** tipos de herramientas.
- **Cinco** historias contadas.
- **Cinco** estructuras de la Sanación SIC (etapas, capas, preguntas, pasos y herramientas).

Wowwww. Increíble también para mí. Y es que cuando nos dejamos fluir, cosas mágicas aparecen para sorprendernos.

Cuando hice el primer boceto del libro que has leído, y a medida que lo iba escribiendo, me asombraba más y más de cómo este número se iba repitiendo, así que busqué su significado en numerología y a continuación lo quiero compartir contigo.

EL PODER MÁGICO DEL NÚMERO 5

El cinco es el número del cambio, el movimiento, la mutación, la libertad, la vitalidad, la aventura, la curiosidad. Este número permite experimentar y descubrir cosas nuevas, y a su vez alcanzar la maestría a través del aprendizaje y las vivencias. Permite atreverse a los cambios, a transformarse, adaptarse a diferentes situaciones, aventurarse a nuevas experiencias, a deshacerse de cualquier atadura o limitación, y nos recuerda que lo único permanente es el cambio.

Cuando el número cinco se repite, es el momento de plantearse qué cosas debemos transformar, de qué cosas nos debemos liberar, y trabajar en nuestros bloqueos, miedos y limitaciones internas. También nos invita a disfrutar y experimentar la vida en todo su esplendor, transformándonos permanentemente.

Así pues, vemos que el cinco es el número del espíritu libre y nos ayuda a aprender a gestionar esas cosas que en algunas ocasiones se escapan de nuestras manos y de nuestro entendimiento.

En definitiva, el número cinco te recuerda: avanza con confianza, tienes una cita contigo mismo. Basta decir «sí» a lo nuevo, de todo corazón para empezar este viaje.

Agradecimientos

Antes de nada, quiero agradecerte a ti, querido lector, que hayas llegado hasta aquí y que, gracias a ello, este libro sea una realidad con un objetivo particular para cada uno de sus lectores. Sea cual sea la finalidad que te ha llevado a él, te agradezco que no se quede solo como unas sencillas palabras impresas; con tu lectura, le das un sentido y por ello, ha valido realmente la pena todo el proceso que lo ha llevado hasta tu hogar.

Aunque parezca una locura, quiero dar las gracias al tiempo, las herramientas y la oportunidad que un confinamiento me brindó para desarrollar, profundizar e investigar sobre las heridas de infancia y las emociones básicas, cómo se relacionan entre ellas y todo lo que esconden, ya que, gracias a ello, he podido bajar el conocimiento y la información al día a día, a lo que nos afecta en realidad, y así ayudar a muchas personas que han confiado en mí desde ese momento. También, porque gracias a estar encerrados en casa y sin muchas distracciones exteriores, pude aprender a transmitirlo al mundo y llegar digitalmente a las personas y hogares abiertos a la información que les podía facilitar (mil *thankius*, G. V.).

Por ello, también quiero agradecer a todos los alumnos que han pasado por las formaciones de «*Up*, la transformación» y «Siente»: primero, por la confianza, muchas veces ciega, que me habéis regalado; segundo, por aplicar mi método en todas sus variantes, por obedecer sin rechistar y esperando que la espumadera sacara su propio brillo; gracias por vuestro gran tesoro (el tiempo) en las clases y deberes interminables, vuestra energía y dedicación; y por último, gratitud infinita por enseñarme tanto, porque he aprendido de todos y cada uno de vosotros. Gracias a todos.

La Sanación SIC no sería una realidad sin la ayuda de una persona, que, aunque no era la finalidad, hizo que escudriñara mi mente para bajar los conceptos, para poder plasmar esa lógica que en mi interior era tan aplastante y no sabía cómo hacer visible de una forma fácil y sencilla, para recibir lo que con estas páginas y sus gráficos te ha llegado. Gracias, F. D.

Como no creo en las casualidades, doy gracias infinitas a que un día una persona se fijara en mí, me observara de cerca y desde el silencio, leyera entre líneas que tenía un sistema de sanación creado por mí misma y se pusiera en contacto conmigo para que hoy este libro sea una realidad. No me preguntes por qué, pero no era mi intención escribir sobre mi método, no lo habría hecho sin ella, mi editora. Su fe y confianza en mí, su profesionalidad y su amistad han hecho que se abriera un apasionante camino por delante cogidas de la mano. Gracias, E. M., y a todo el equipo de la editorial Edaf.

Agradezco, por un lado, a P. C. su infinita fe en mí, porque siempre me ha visto en el pódium de los mejores, apostando y estando conmigo para lo que necesitara. Porque los viajes con ella son lo más y las risas interminables. Te quiero, *guapi*.

Gracias infinitas a A. B. por estar siempre a mi lado, por su confianza ciega en mí desde el inicio, aguantando mis locuras, por realizar lo irrealizable y por darme su más sincera opinión para mejorar y avanzar. Por ser y estar presente en todos los momentos de mi vida. Te *súper*.

A esas dos personas que elegí en mi otro plano, dos maestros a todos los niveles desde el principio, porque de la mano de ellas estoy aquí, porque me dieron aprendizaje, me regalaron experiencias, porque me dieron la vida. Os quiero, papá y mamá.

Gracias también a mi compañero de viaje, porque siendo niños o adultos, entre risas y llantos, experiencias y aprendizajes, somos el reflejo el uno del otro, porque sin muchas veces ser conscientes, nos acompañamos en nuestro caminar evolutivo. Porque la confabulación de mi vida me ha llevado a ti, no una, sino dos veces. Te amo, X.

Por último, gracias a las dos personitas que me escogieron antes de nacer, con todas mis heridas, errores y manías, para que mi perfecta imperfección como madre os pueda ayudar en vuestro caminar. Quiero deciros, desde lo más profundo de mi corazón, que os amo con locura, que siempre tendréis mi mano tendida para lo que haga falta. Porque el mejor regalo que me ha dado la vida es ser vuestra mamá. Gracias, P. y B.

Nota de la autora

Te explico cómo aplico todo el contenido del libro en distintos cursos de sanación, motivación y otras aplicaciones a través de las formaciones en formato digital:

- **Siente:** curso sobre heridas de infancia y emociones limitantes.
- **UP, la transformación:** curso sobre heridas de infancia y emociones limitantes en profundidad, cómo se relacionan y todo lo que esconden, con un seguimiento personalizado e individual.

También me puedes seguir en YouTube, Facebook e Instagram o visitar la página web **www.meditaconmaite.com**

Fuentes

www.refugiodelalma.com

www.numerologia-cotidiana.com

www.clarin.com/astrologia/

Notas para mi trabajo